经济结构发展与实践探究

JINGJI JIEGOU FAZHAN
YU SHIJIAN TANJIU

李书杰　潘启东　吴家真◎著

西南财经大学出版社
中国·成都

图书在版编目(CIP)数据

经济结构发展与实践探究/ 李书杰,潘启东,吴家真著.—成都: 西南财经大学出版社, 2022.8
ISBN 978-7-5504-5512-2

Ⅰ.①经… Ⅱ.①李…②潘…③吴… Ⅲ.①中国经济—经济结构—研究
Ⅳ.①F121

中国版本图书馆 CIP 数据核字(2022)第 149869 号

经济结构发展与实践探究
李书杰 潘启东 吴家真 著

责任编辑:廖 韧
责任校对:植 苗
封面设计:墨创文化
责任印制:朱曼丽

出版发行	西南财经大学出版社(四川省成都市光华村街 55 号)
网 址	http://cbs.swufe.edu.cn
电子邮件	bookcj@swufe.edu.cn
邮政编码	610074
电 话	028-87353785
照 排	四川胜翔数码印务设计有限公司
印 刷	四川五洲彩印有限责任公司
成品尺寸	170mm×240mm
印 张	9
字 数	166 千字
版 次	2022 年 8 月第 1 版
印 次	2022 年 8 月第 1 次印刷
书 号	ISBN 978-7-5504-5512-2
定 价	58.00 元

前言

中国特色社会主义进入新时代以来，我国经济进入高质量发展阶段，创新引领、结构升级，在各行各业全面展开，各行各业展现出了充满活力的发展景象。比如，随着供给侧结构性改革的深入推进，很多行业都进入去产能、去库存、去杠杆、降成本的阶段，整体经济面也在调控中得到巩固和落实，经济发展节奏得以理顺，变得更为畅通，经济发展质量得到提高，现代产业体系建设的节奏也得到加快，实体经济得到了进一步壮大。以此来看，我国经济已经进入结构性、战略性调整阶段，在这个阶段，经济发展方式的转变已经成为经济发展的主要内容和核心任务。

为此，我国经济应从以下两个方面加以努力，力争进入新的良好发展阶段。首先，我国应进一步调整经济结构，以便让经济发展方式尽快转变。为此，提高经济发展质量和发展效益应成为工作中心。供给侧结构性改革就是这样的经济发展举措，通过这些经济发展措施，我国经济发展的质量得到了巨大提升，发展效率得到了显著提高，经济质量优势得到了巩固。其次，我国经济应进一步从各方面做好加减乘除法，以有效途径建构出新的经济发展优势。这里的加减乘除法不是各种经济要素的简单加减乘除，而是围绕提质增效这个核心经济发展目的来展开的，以推进科技、商业模式等的创新型发展，最终促进经济社会的良性循环和深入发展。总之，随着世界经济的深刻变化，我国经济应以更高的发展效率和发展态势迎难而上，走出一条可持续、安全系数更高的道路。

本书包括经济结构发展与实践的基本概念和基本理论、经济结构调整与金融创新实践研究、经济结构发展与最优融资模式实践研究、经济结构发展与信托模式实践研究、数字经济规模统计测度与模式构建实践研究、虚拟经济统计方法及其应用实践研究等内容。

目前，我国经济学界对经济结构发展与实践这类课题的研究还处于不断深入的阶段。研究者应积极拓展研究思路和方法，以更好地从事这类研究，为经济社会的发展做出自己应有的贡献。笔者在本书的研究过程中不仅参阅了许多相关的文献资料，而且从不同的研究成果中受到巨大启发，获益匪浅。对此，笔者表示衷心的感谢。由于笔者水平有限，加之撰写时间仓促，书中难免存在不足之处，恳请广大读者批评指正。

李书杰

2022 年 5 月

目录

第一章　经济结构发展的基本概念和基本理论

第一节　经济结构发展的基本概念

一、经济发展的含义与本质

（一）经济发展的含义

传统经济学意义上的经济增长，狭义上指 GDP（国内生产总值）增长，属于宏观经济范畴，是指某个国家或地区生产产品或服务的持续增长，受投资量、劳动量、生产率水平等因素的影响。经济增长通常用 GNP（国民生产总值）或 GDP 来衡量，它构成了经济发展的物质基础。经济发展所涉及的内容不只是单纯的经济增长，比经济增长更为广泛。经济发展就是在经济增长的基础上，一个国家或者地区按人口平均的实际福利增长过程，不仅是财富和经济机体的量的增加和扩张，还包括经济质量的改善和提高。例如，经济结构的优化、经济稳定程度的提升、投入产出效益的提高、分配的公平化、充分就业、人均寿命的延长及现代化进程的加快等。经济发展除了总量增长和人均增长外，更强调经济发展质量和效益的提高。因此，这二者的关系是：经济发展是经济增长的高级形态，是经济增长的升华和延续。

（二）经济发展的本质

实际上，人的全面发展可以概括为人的需要、人的能力、人的个性、人的社会关系的全面发展。本书认为经济发展的本质就是人的发展。一方面，经济发展是人的发展的必要基础。人的生存和发展始于经济活动，人要通过经济活动来改造外部世界，物质生活资料的生产是人生存和发展的必要前提。人的全面发展离不开与物质资料生产相关的经济活动，只有社会的生产力发展水平越高，个人的发展空间才越大；只有社会的物质文明越发达，人的生存才越有保障，从而越能促进人的全面发展。另一方面，人的发展是经济发展的最终目标，发展是为了更好地满足人民对美好生活的需要。人的劳动创造了财富，创造财富是为了满足人自身的需要和实现自身的全面发展。要把促进人的全面发展、朝着共同富裕方向稳步前进作为经济发展的出发点和落脚点，就要通过深化改革、创新驱动来提高经济发展质量和效益，就要全面调动人的积极性、主动性、创造性，就要坚持人民主体地位，顺应人民群众对美好生活的向往，最终使经济发展成果更多、更公平地惠及全体人民。

（三）经济结构发展的定义和内涵

1. 经济结构发展的定义

（1）经济结构的定义。

经济结构是一个宽广而系统的体系。“结构”一词包含两层最基本的含义，即构成整体的各个组成部分，以及各个组成部分之间的协调关系。“经济”也可从多个维度去阐述，经济结构的内涵也就因此而得到极大丰富。经济结构可从四个范畴来概括：第一，从社会生产关系的角度来看，经济结构指的是不同生产资料所有制成分之间的比例与构成；第二，从国民经济各部门与社会再生产的角度来看，经济结构包括产业结构、分配结构、交换结构、消费结构等；第三，从包含的范围来看，经济结构又可以分为整体结构、区域结构等；第四，从细分领域的研究来看，经济结构可进一步分解为组织结构、产品结构、就业结构等。

马歇尔在《经济学原理》中首先提到“组织”的概念，并将其作为生产的第四大要素，这极大地拓宽了人们对经济结构的理解。对经济结构的研究属于发展经济学的研究范畴。随着各国的经济增长，在不同的阶段遇到不同的问题，人们越发认识到经济中不同要素之间以不同的组织形式形成的组合，对经济增长的影响是截然不同的，所以人们对经济结构的研究越发重视和深化。

（2）经济结构发展。

经济结构发展，指的就是促进经济结构在多个维度、多个环节上相比之前更好地拓展。党的十八大以来，我国开始推进经济结构战略性调整，这已是加快转变经济发展方式的主攻方向。我国应以改善需求结构、优化产业结构、促进区域协调发展、推进城镇化为重点，着力解决重大结构性问题。

2. 经济结构发展的内涵

经济结构发展反映的是一个地区以经济生产能力为核心所展现出来的结构

性变化过程，是经济行为中各要素之间关系的体现。经济结构的发展不仅是社会生产力水平的综合性表现，而且也会对一个经济体中的各种要素产生重要的作用。一般来说，一个经济体的经济发展水平越高，经济结构也就越合理，对资源利用越高效，对环境保护得也越好。可以说，一个合理的经济产业结构，是确保一个经济体生态绿色发展的基本条件。这种经济体不仅兼顾了经济、社会和环境等多个方面的合理性配置和发展，而且真正实现了全面、高效和可持续发展的目标。

二、经济结构发展方式的内涵与类型

（一）经济结构发展方式的内涵

经济结构发展方式是最终实现经济结构发展或调整的方法、手段和模式，是社会各种进步理念、转型发展思路、生产要素优化组合、体制机制创新等多元化的集合。一般而言，经济结构发展方式比经济增长方式具有更加广泛和深刻的含义，它包括社会结构（经济、产业、城乡等）、运行质量、经济效益、收入分配、环境保护、现代化进程等方面的内容。本书认为经济结构发展方式是随着一个社会的经济发展水平、文明程度的提高而不断变化的，是在一定的经济发展阶段表现出来的实现经济发展的方式或手段，是人类自身综合能力的体现。它要求在经济、社会、生态效益相结合，人与社会、人与自然相协调的原则下，实现经济质量提升、经济效率提高、动力变革、资源永续利用、环境持续改善等，这是对经济质量提升和经济结构优化的目标的实现，更是对人民对美好生活的追求的实现，也是对经济社会全面、健康、可持续、高质量发展终极目标的实现。

（二）经济结构发展方式的类型

不同的经济结构发展阶段赋予了经济结构发展方式质的规定性，这种质的规定性是随着社会生产力水平的提升而不断发展的。具体而言，经济结构发展方式按不同经济发展阶段可以划分为以下类型：

第一，从资本主义生产方式被概括为外延式、内涵式扩大再生产的方式来看，经济结构发展方式可以分为外延粗放型和内涵集约型两种。外延粗放型经济结构发展方式是指在生产技术水平较低的情况下，主要依靠增加资源、扩大厂房、增加劳动等生产要素投入来增加产量的发展方式，往往在广大发展中国家的经济发展初期阶段或起飞阶段，为实现经济总量的快速赶超而被广泛采用。但这种发展方式背后是靠高投入、高消耗、高污染来支撑的，必定遭遇经济发展瓶颈；内涵集约型经济结构发展方式是指在生产规模不变的基础上，通过采用新技术、新工艺，改进机器设备、加大科技含量等方式来调整经济结构，从而实现增加经济产出的发展方式。这种经济结构发展方式在欧美发达资本主义国家被广泛采用。该经济发展方式主要依靠科技革新、科学管理、知识积累、制度完善等来实现经济结构的变化，从而实现经济增长。因此，从粗放型到集约型的转变是我国当前经济发展的必然要求。

第二，从要素组合视角，经济结构发展方式可以分为劳动密集型、资本密集型和技术密集型三种典型的发展方式。劳动密集型经济结构发展方式是指主要依靠劳动者数量而非劳动者质量，扩大生产规模，从而促进经济增长和经济结构转变的发展方式。其表现为劳动生产率较低，在国家或地区拥有劳动力成本低的比较优势、资源匮乏、科技落后等的情况下成为最佳选择。资本密集型经济结构发展方式是指主要依靠资本投入数量的增长，扩大生产规模，从而促进经济结构良性转变的方式。其表现为资本利用效率较低，在特定的拥有丰富资源资本的国家和地区（如中东产油国）成为适当选择。技术密集型经济结构发展方式是指主要依靠投入先进的科学技术和管理创新，扩大生产规模，从而推动经济增长的经济结构发展方式。其表现形式为大幅度提高资源利用效率和劳动生产率，而生产成本则大幅度降低等。因此，这种发展方式在科技先进的国家和地区（如欧美发达国家、日本等）比较适用。

第三，从拉动经济增长的动力视角，经济结构发展方式可以分为投资驱动型、出口导向型和消费驱动型三种。投资驱动型经济结构发展方式是指主要依靠大规模基础设施建设投资（政府投资、私人投资、吸引外资），来拉动经济增长。其表现形式为高储蓄率、高投资率和低消费率并存，因而容易导致经济发展的不平衡和贫富差距扩大。出口导向型经济结构发展方式是指主要依靠大规模对外贸易（尤其是出口），增加净出口对本国经济增长的贡献率，从而拉动经济增长。其表现形式为规模经济效益好，开拓市场的力度大，创造的就业机会多，但对外部经济的依赖性强，会增加本国经济不稳定的风险。消费驱动型经济结构发展方式主要产生于国际分工中具有比较优势的那些国家和地区，其依靠国内消费需求来实现经济的扩张，从而增强消费对经济增长的贡献率。其主要表现为，以满足人民群众的真正需求为出发点，以实现最终消费为目的，但也容易造成发展的滞后性和过度消费的倾向。

第二节 经济结构发展的基本理论

一、经济周期理论

经济周期也称商业周期、商业循环、景气循环等，是指经济运行中周期性出现的经济扩张、经济调整、经济收缩与经济恢复的一种现象，包括国民总产出、总收入和总就业等的波动。西方经济学家一般都把经济周期划分为四个阶段：繁荣、危机（或衰退）、萧条、复苏。其中繁荣和萧条是经济周期的两个主要阶段，危机和复苏是两个过渡阶段或转折点。西方经济学界公认的经济周期的定义是：经济周期是现代资本主义国家的总体经济活动中发生的一种周期性波动现象。一个周期由几乎同时发生在许多经济活动中的扩张及随之而来的同样普遍的衰退和收缩，以及与下一个周期的扩张阶段相连的复苏所组成。这种变化按顺序反复出现，但是不定期的。经济周期的持续时间在 1 年以上到 10 年或 12 年。它们不再分为具有接近自己的振幅的类似特征的更短周期①。西方经济学中的经济周期理论主要有以下几种：

（一）朱格拉周期

法国经济学家克里门特·朱格拉（Clement Juglar）于 1862 年出版了《论法国、英国及美国的商业危机以及发生周期》一书，书中提出了资本主义经济存在 9~10 年的周期波动，一般称为“朱格拉周期”。约瑟夫·A. 熊彼特（Joseph A. Schumpeter，以下简称“熊彼特”）把这种周期称为中周期。

（二）基钦周期

英国经济学家约瑟夫·基钦（Joseph Kitchen）于 1923 年提出经济发展中存在一种 40 个月（3~4 年）左右的小周期，而一个大周期则包括 2 个或 3 个小周期。学界通称其为“基钦周期”。

（三）康德拉季耶夫周期

苏联经济学家尼古拉·D. 康德拉季耶夫（Nikolai D. Kondratieff）于 1925 年提出资本主义经济中存在 50~60 年的一个周期。学界通称其为“康德拉季耶夫周期”，也称长周期。

（四）库兹涅茨周期

美国经济学家西蒙·史密斯·库兹涅茨（Simon Smith Kuznets）于 1930 年

---

① 陈乐一. 对西方经济周期理论的一般考察 [J]. 财经问题研究，1998（4）：16-21.

提出经济增长中存在一个与房屋建筑相关联的、平均长度为20年的经济周期，这种周期被称为“库兹涅茨周期”或“建筑业周期”。这也属于一种长周期。

熊彼特在他1939年出版的《经济周期》一书中分析和概括了上述的前三种经济周期，他认为前三种周期的划分方法虽然不一样，但彼此并不排斥。其中每个长周期包含6个中周期，每个中周期又包含3个短周期。熊彼特还把技术创新与经济周期联系起来，以三次重大技术创新为标志，划分出3个长周期：第一个周期是“产业革命时期”，从18世纪初到1842年；第二个周期是“蒸汽和钢铁时期”，从1843年到1897年；第三个周期是“电气、化学和汽车时期”，为1898年到20世纪30年代。

经济周期的成因理论分为内因论和外因论。外因论认为经济周期源于经济之外的因素，包括太阳黑子、战争、政权更迭、新的矿藏和资源的发现、技术创新或科学新发明等。内因论则认为经济周期源于经济体系的内部因素，包括投资、成本、收入等在市场机制作用下的一种必然现象。

二、经济增长理论

（一）传统经济增长理论

经济增长理论是研究解释经济增长规律和影响制约因素的理论。经济增长理论的主题包括两个方面。一是经济持续增长的动力来源到底是什么？该理论主要试图从经验角度计量不同要素对经济增长的贡献度或从理论上解释促进经济增长的动力源泉。二是经济增长是否会产生收敛性的结果？即经济增长在不同国家之间的分布状况①。

经济增长理论的发展历史以拉姆齐（Ramsey）1928年的经典论文为分水岭，他把经济增长理论分为奠基阶段和成熟阶段。1928年以前的增长理论被称为古典增长理论，1928年以后的经济增长理论则包括新古典增长理论和内生增长理论。古典增长理论包括亚当·斯密（Adam Smith）《国富论》中的“分工促进经济增长”的理论、托马斯·罗伯特·马尔萨斯（Thomas Robert Malthus）《人口原理》中的人口理论，阿林·杨格（Allyn Abbott Young）《报酬递增与经济进步》一书中提出的“斯密定理”一般被归入新古典经济学范式的增长理论②。

---

① 沈坤荣．经济增长理论的演进、比较与评述［J］．经济学动态，2006（5）：30-36.

② 潘士远，史晋川．内生经济增长理论：一个文献综述［J］．经济学（季刊），2002（3）：753-786.

（二）现代经济增长理论

学者们认为现代经济增长理论有两个起点。起点之一是哈罗德-多马模型的出现。但从方法上具备了研究动态问题的条件的角度来说，现代经济增长理论的真正起点是1928年拉姆齐在《经济学期刊》上发表的题为“储蓄的一个数理理论”的经典论文。现代经济增长理论发展有三个阶段。第一个阶段是由哈罗德（Harrod）、多马（Domar）开创的，致力于将凯恩斯（Keynes）的短期分析动态化。第二个阶段是索洛（Sdow）和斯旺（Swan）建立的新古典增长模型推动了一个持续更久、规模更大的兴趣浪潮。第三个阶段主要是罗默（Romer）和卢卡斯（Lucas）的研究工作而引发了内生增长理论的发展。

现代经济增长理论最核心的特点体现在研究方法上。现代经济增长理论的研究方法可以简单地概括为两个方面，新古典的分析框架——代理人的最优化决策与动态时间序列方法。现代经济增长理论的另一个特点体现为研究结论显示出的良好的可比性与扩展性。研究结论中经济增长源泉都可以放到生产函数中加以解释比较，不同的增长理论可以很容易地发现彼此的差异，同时也有利于促进经济增长理论的进一步发展①。

三、市场失灵理论

（一）市场无法有效提供公共产品

1. 公共产品理论的内涵

1954年保罗·A. 萨缪尔森（Paul A. Samuelson，以下简称“萨缪尔森”）发表的《公共支出的纯理论》对公共产品最核心的问题进行了探讨，如集体对消费产品如何定义、公共产品所需要的最佳资源配置有怎样的特征等。其中对公共产品的定义为，公共产品是这样一些产品，它是所有成员共同享用的集体消费品，每个人对它的消费并不减少任何他人对它的消费，即在将该产品的效用扩展于他人时，供应者的边际成本为零，且无法把他人排除在受益范围之外。这一描述成为经济学关于纯粹的公共产品的经典定义。

萨缪尔森不仅给出了公共产品的经典定义，同时将公共产品与私人产品最大的区别揭示了出来：消费上的非竞争性和非排他性。非竞争性，指的是一些人对某一产品的消费或收益不会影响另一些人对这一产品的消费或收益，也就是说，在某种产品的数量已经给定的情况下，增加消费者数量的边际成本为

---

① 王维国，杜修立. 现代经济增长理论及实证研究述评［J］. 财经问题研究，2003（8）：87-92.

零。非排他性，指的是这个产品在消费之后所产生的收益不可能只被消费者本身占有，要将没有消费这个产品的人排除在享受这一产品的收益之外是不可能的。

根据非排他性和非竞争性的具备程度，公共产品又可以分为纯公共产品和准公共产品。纯公共产品同时具备非排他性和非竞争性，而不同时具备非排他性和非竞争性的产品是准公共产品。按照排他性和竞争性的强弱，准公共产品可以分为两种：第一种是具有排他性的非竞争性产品；第二种是拥挤性公共产品，这类公共产品在没有太多的使用者时具有非竞争性，有过多的使用者时具有竞争性，它有时也被称为俱乐部产品。

2. 市场原则与公共产品的内在矛盾

在市场经济条件下，市场交易活动必须遵循等价交换的原则。所谓的等价交换是指当某个人提供了某一种商品，那么他一定能得到一定的收益。同样，如果某个人得到了某一种商品，那么他一定付出了一定的代价，且得到的收益或者付出的代价可以通过价格的形式体现出来。作为理性经济人，当某人对某一公共产品有需求时，他很可能隐瞒自己的偏好而不承担或者少承担公共产品的成本，因为公共产品的非竞争性和非排他性使得他不管买不买，只要有人购买了这个产品，他就能免费消费这个产品。也就是说某人获得了收益，但是却没有付出成本；或者购买了公共产品的那个人，他购买之后又产生了其他使用者，但是他没有获得额外的收益。这与市场的等价交换原则是相违背的，因此它不能被称为“商品”。既然公共产品不是商品，那么由市场来提供，就一定会出现市场失灵。

（二）市场无法校正外部性

1. 外部性理论的内涵

马歇尔在《经济学原理》一书中首次提出了“外部性”的概念。1924 年，他的学生阿瑟·塞西尔·庇古（Arthur Cecil Pigou）在其《福利经济学》中引入“社会边际净生产价值”和“私人边际净生产价值”的概念，认为当两者相等时，资源实现最优配置，“国民福利最大”；当两者之间存在差异时，就产生“外部性”，前者大于后者时产生“正的外部性”，如果前者小于后者则产生“负的外部性”，此时国民福利受损，只有对资源重新安排才能实现最优配置。之后，奈特（Knight）等人将外部性的研究视野进行了拓展，将其与稀缺资源的产权界定、污染问题联系起来。

1988 年鲍默尔（Baumohl）在总结前人“外部性”论述的基础上，将之概括为：如果某个经济主体的福利（效用或利润）中包含的某些真实变量的值是由他人选定的，而这些人不会特别注意到其行为对于其他主体的福利产生的影响，此时就出现了外部性；对于某种商品，如果没有足够的激励形成一个潜在的市场，而这种市场的不存在会导致非帕累托最优的均衡，此时就出现了“外部性”。

从现有文献中可以看出，不同的经济学家对外部性给出的定义不同，归结起来大致有两类：一类是从外部性的产生主体的角度来定义的，另一类是从外部性的接受主体来定义的[①]。前者如萨缪尔森和诺德豪斯（Nordhaus）的定义：“外部性是指那些生产或消费对其他团体强征了不可补偿的成本或给予无须补偿的收益的情形。”[②] 后者如兰德尔（Randall）的定义：外部性是用来表示“当一个行动的某些效益或成本不在决策者的考虑范围内的时候所产生的一些低效率现象，也就是某些效益被给予，或某些成本被强加给没有参加这一决策的人”[③]。

2. 市场原则与外部性的内在矛盾

前文中已经提过，市场交易活动必须遵循等价交换的原则，而外部性指的是一个人的行为对他人产生了额外收益或者成本，但是却没有通过价格反映出来，这与市场原则刚好背道而驰。

（三）政府监管对市场失灵的作用

政府监管又称政府规制、政府管制，即政府运用公共权力，通过制定一定的规则，或者通过某些具体的行动对个人和组织的行为进行限制与调控。政府监管指的是政府对市场与社会的监管，它的手段包括经济性监管和社会性监管。

经济性监管，是指通过制定特定产业的进入、定价、融资以及信息发布等方面的管理政策对主体行为进行有效的调整，以达到避免出现因竞争主体过多或过少而引起过度竞争或竞争不足，造成资源浪费或者配置效率低，妨碍社会生产效率和服务供给的公正、稳定的现象的目的。经济性监管主要包括价格管制、进入和退出管制、投资管制、质量管制、信息管制等。价格管制是指政府对特定产业的竞争主体在一定时期内的价格进行规定，并根据经济原理规定调

---

① 沈满洪，何灵巧. 外部性的分类及外部性理论的演化［J］. 浙江大学学报（人文社会科学版），2002（1）：152.

② 萨缪尔森，诺德豪斯. 经济学：第十六版［M］. 萧琛，译. 北京：华夏出版社，1999：263.

③ 兰德尔. 资源经济学：从经济角度对自然资源和环境政策的探讨［M］. 施以飞，译. 北京：商务印书馆，1989：155.

整价格的周期。进入和退出管制是确保特定公共经济领域存在数量适当的主体的重要调控手段，确保公共服务的稳定供应，以避免出现重复建设、浪费资源或者垄断的状况。投资管制是政府通过对经济主体对特定产业进行投资的鼓励或限制，控制产业主体的数量以及资本构成比例。质量管制是政府通过对公共服务规定标准质量，结合价格管制、进入管制等手段，促使特定产业主体改进服务质量，从而增进公共利益。信息管制是政府利用公共权力，采取各种管理政策措施以缓解信息不对称问题，使主体处在平等的地位上，以维护公平。

社会性监管，主要针对外部不经济和内部不经济。前者是市场交易双方在交易时，产生的一种由第三方或社会全体支付的成本，如大气污染。对此，政府必须对交易主体进行准入、设定标准和收费等方面的监管。后者是交易双方在交易过程中，一方控制信息且不向另一方完全公开，由此造成的非合约成本由信息不足方承担，如假冒伪劣药品的制售、隐瞒工作场所的安全卫生隐患等。所以，政府要进行准入、标准及信息披露等方面的监管。

政府监管作为西方发达资本主义国家政府干预经济的管理政策的重要部分，是矫正市场失灵的重要制度设计。在目前公共产品民营化改革的大环境下，需要更好地对微观经济主体进行有效的规范和制约，服务于公共利益和社会福利最大化这一宗旨，填补公共产品理论的空白。

四、金融创新的动因理论

金融创新动因理论主要是指20世纪70年代中期以来，西方经济学家从不同角度对金融创新动因进行的探讨。针对具体的创新活动，动因可以分为顺应需求的动因、顺应供给的动因和规避管制的动因三大类，其中规避管制的动因是前两种动因的复合形式，本书不做具体介绍。

（一）需求主导型金融创新的动因理论（顺应需求的动因理论）

在经济环境变化及金融发展的条件下，一些新的金融需求必然会在各经济主体中产生。为了满足这些新产生的金融需求，金融部门需要进行创新来获取利润，这便是需求主导型金融创新的动因。这些需求包括财富增长后人们对多样化的金融资产的需求，以及对能够减少或转嫁风险的金融产品的需求等。顺应需求的动因理论主要包括两类。第一类是财富效应理论。财富效应理论是由格林鲍姆（Grunbaum）和海伍德（Heywood）提出的。他们在对美国金融业发展史的研究中发现，第二次世界大战后金融创新的主要动因是由快速发展的经济所带来的财富增长。人们对金融资产的持有动机随着财富的增长而多样化，这促使金融部门进行金融创新以满足人们变化的金融交易需求及金融服务偏好。由于社会经济主体的融资偏好随着经济的发展与财富的增长而改变，学者们通常将融资偏好学说看作是由经济发展与财富增长学说派生出来的。第二类是需求推动理论。需求推动理论认为对金融产品和金融服务的新需求的产生是引发金融创新的主要原因。20 世纪 70 年代前后，欧美资本主义国家的经济金融环境发生了剧烈的变化，长期的通货膨胀和名义利率不断攀升，使传统金融产品的流动性和收益性之间的替代关系越来越难以被人接受，客户对流动性和收益性相互结合的金融产品产生了强烈的需求。与此同时，随着金融风险的增加和多样化，人们产生了对可以减少或转嫁风险的金融产品的需求，这种需求推动了 20 世纪七八十年代各种风险管理工具的出现。

（二）供给主导型金融创新的动因理论（顺应供给的动因理论）

关于供给主导型金融创新的动因理论的研究，希克斯（Hicks）等学者提出了关于“金融创新的支配因素是降低交易成本”的命题。狭义上的交易成本专指买卖金融资产的直接费用，其中包括各方面转移资产所有权的成本、经纪人的佣金、借入和支出的非利率成本，即机会成本。其广义上的概念包括投资风险、资产的预期净收益、投资者的收入和财产、货币替代品的供给等多方面。相关研究者有两个主要观点：第一，金融创新的首要动机是降低交易成本，而评判某项金融业务或某个金融工具是否具有实际意义的重要标准便是交易成本的高低；第二，由于交易成本会随着科技进步而降低，因此科技进步是促进金融创新的必要条件。一些制度学派金融创新理论的研究者认为，金融创新是一种与经济制度互为影响、互为因果的制度改革，是制度创新的重要组成部分，任何制度改革带来的金融体系中的变化都可以被视为金融创新。

第二章　经济结构调整与金融创新实践研究

第一节　金融创新支持经济结构调整的国际经验分析与比较

一、美国金融创新支持经济结构发展的经验

（一）当前美国金融体系结构是金融市场主导

美国在19世纪末开始发展工业，在工业化初期，企业对资金的巨大需求促使银行业快速发展。同时，由于金融监管的懈怠，银行过度参与证券业，美国经济后来陷入大萧条。美国在二战后确立了资本主义世界头号经济强国的地位。

20世纪初，美国基本完成了从农业国向工业国的过渡。尽管美国资本市场发展得很早，如铁路公司等早就开始利用债券融资，但是资本市场能够提供的资金和范围有限，一般只有特定产业的大公司才能在资本市场进行融资，其余公司主要依赖银行信贷。这段时间美国工业迅速发展，银行业一度繁荣。1929年美国股市崩盘，银行业受到重创。美国因此整顿金融业，认为银行业无序发展，证券市场机制不够健全。首先，在银行监管方面，美国采取分业经营制度，限制银行经营范围，并进行利率管制，压缩银行的盈利空间。监管政策隔离了银行风险，但也限制了银行发展。其次，针对金融市场，美国出台的《证券法》，限制了投机行为，完善了信息披露制度，使金融市场可以更好地发挥配置资源的作用，由此开启了以金融市场为主导的金融体系时代。

（二）金融中介和金融市场相互补充能够更好地促进经济发展

大萧条后，美国的商业银行受到了诸多限制，但非银行金融机构依旧活

跃，甚至还是金融市场的主要参与者。美国的非银行金融机构主要分为三类：存款类金融机构，主要作用为吸收储蓄；投资类金融机构，主要作用为搜集闲散资金，进行更专业化的投资；保险公司和养老基金。

（三）美国证券市场和风险投资在促进创新产业发展方面发挥了积极作用

一方面，纳斯达克市场为高科技企业和中小型企业提供了股权融资的可能性，为这些企业降低入市门槛，促进了许多优秀高科技企业的发展，一时间纳斯达克市场名声大噪，于是又吸引了大批资本流入。纳斯达克市场不仅为美国的高科技企业发展做出了突出贡献，也为其他国家的创新型企业提供了融资渠道。另一方面，风险投资的兴起极大地激励了社会创新创业的热情。风险投资为金融中介渠道中的权益型融资，特点是不需要企业的抵押物，但一旦成功，收益巨大。高风险和高收益也吸引了专业的投资者，保证了融资规模。投资者和企业有着共同的盈利目标，使得创新产业迅速发展，加快技术更迭升级，从质和量两个方面促进经济发展。

（四）金融过度发展和监管不当会导致金融体系蕴藏巨大的不稳定性

在过去的100年里，美国经历了1929年的大萧条、2000年的科技股泡沫破裂、2008年的次贷危机等，其金融制度在危机中不断完善，金融市场也在完善中更加成熟。但是金融危机的成本和代价是十分巨大的，随着金融全球化的深度发展，各经济体之间的经济和金融联系更加紧密，各国投资者、融资部门、金融工具等交织在一起，使得金融危机的影响更加深远。

及时识别隐藏的危机、管理和控制风险、完善金融制度显得尤为重要。此外，金融创新使金融交易各个参与方、原生产品市场和衍生产品市场之间的联系更加密切，各方关系牵一发而动全身，由此加剧了金融的不稳定性，容易爆发系统性的金融危机。纵观二战后美国的经济金融发展历程，其主旋律就是金融促进创新产业的发展，促进产业升级，使得经济更高质量地发展。美国工业自19世纪末逐渐起步，在20世纪初美国基本完成工业化。在二战期间，美国通过向其他国家出口军用物资、日用品等积累了大量资本。二战后美国工业实力远超其他国家，但是没有“战时红利”，美国工业面临新问题：如何在和平年代发展。为了促进工业发展，美国政府采取扩张的财政政策，发展新兴工业如核工业、航天业等①。

此后，美国出现“滞胀”问题，美国政府从刺激需求转向调整供给，大

① 杨可方，杨朝军. 金融结构演进与产业升级：美日的经验及启示［J］. 世界经济研究，2018（4）：49-59，136.

力促进创新，鼓励技术发展。研发创新不仅促进了正在兴起的服务业的发展，而且使已经形成体系的工业实现产业升级，由传统向高端、由低效向高效、由高能耗向低能耗转型。20世纪90年代，美国计算机等行业的兴起，标志着美国进一步向“先进技术”迈进。每次技术进步应用到实际，都会促进产业升级，如信息科技已经成为美国当今产业中不可或缺的一部分，极大地提高了生产效率。

二战后的美国已经拥有强大的实力，但是技术创新进一步促进产业升级，保证了美国在20世纪拥有稳定优势。美国完善的金融市场和众多的风险投资机构，为技术创新的发展提供了有力的资金支持。再观我国，经历了长时期的高速增长，各大产业已经具备一定的规模，部分产业处于技术前沿，在这个基础上我们可以寻求纵向的产业升级——发展不仅要有速度，而且还要有质量。

二、德国金融创新支持经济结构发展的经验

德国是典型的银行主导型国家。在二战之前，德国的全能银行模式就初露苗头，当时的实业家为服务实业建立银行，这些银行即全能银行的前身。德国在二战后实行“莱茵模式”，奉行“以人为本”的经济发展模式，由政府引导，注重集体利益，兼顾社会公平。对政府而言，通过金融机构把控经济要比通过金融市场把控经济更加容易。因此，银行主导型的国家，经济发展往往伴随着政府的指导。德国发展以全能银行为主导的混业经营制度，极大地促进了二战后德国经济的发展。

（一）全能银行显著提高了二战后储蓄投资转化率，大力支持企业发展

一方面，德国银行体系庞大，可以直接吸收居民存款，也可以建立其他金融机构吸引投资者。这种庞大的体系让居民放心将存款交给银行管理，所以银行有很强的吸收存款的能力，为资本积累打下基础。另一方面，德国全能银行的特点在于为企业提供“保姆式”的服务，银行可以作为贷款人和股东为企业提供融资，提高储蓄投资转化率；也可以作为金融服务机构为企业提供多种服务，降低交易成本。该类金融体系的特点是能够合理分配社会资源，满足了德国企业在二战后的巨大资金需求。

（二）全能银行既关注短期盈利又关注企业长期发展，银政联合易于解决衰落产业的退出与转型升级问题

资本市场参与者可以通过卖出股票等退出方式来表达对企业现状及未来发展情况的态度，但是全能银行面对当前经营状况不佳的企业，不会轻易退出。由于对企业更加了解，降低了信息不对称带来的风险，全能银行会衡量企业未

来发展的可能性，为企业提供资金支持。当产业进入衰退阶段，各家企业不会主动解决产能过剩问题，全能银行会利用自己在企业中的地位，影响企业投资决策，减少产能，帮助解决产业衰退所面临的问题。20世纪七八十年代，德国钢铁和造船行业均在全能银行的帮助下，消除了过剩产能，实现了转型升级。

（三）银行信贷是中小企业外部融资的主要渠道

德国的中小企业在技术创新方面占据着重要地位，甚至在某些领域成为世界的领导企业。德国金融体系对中小企业的支持体现在三个方面。首先，二战后在银行的支持下，德国的大企业逐渐积累资本，有能力内源融资，来自银行的外部融资相对较少，这为中小企业的融资和发展提供了良好的条件。20世纪50年代以来，德国政府开始注意中小企业的市场发展，银行体系也针对“大企业”和“中小企业”两类客户，发展成不同的经营模式。其次，中小企业缺少可供参考的财务数据和足够的抵押物，然而德国本身风险投资行业发展不充分，所以需要政府和银行共同解决中小企业融资难的问题。政府不仅制定鼓励中小企业发展的政策，还由银行设立风险投资公司为中小企业服务。最后，德国政策性银行为中小企业提供资助贷款，资助贷款对企业的要求相对更低。这类提供资助的银行，如德国复兴信贷银行，具有公共性质，并非完全以盈利最大化为目标，执行国家政策，支持中小企业发展。

（四）全能银行助力德国经济腾飞，但却存在限制金融市场发展、促进创新不足等问题

首先，德国的全能银行在一定程度上限制了金融市场的发展。银行信贷为主要融资渠道，会阻碍金融市场的发展。如果银行为企业提供“保姆式”服务，那么企业就没有太大动力通过金融市场去寻求金融服务，从需求方影响了金融市场的发展。其次，全能银行下的混业经营容易产生系统性危机。银行进入证券市场，金融市场波动会对银行经营产生影响，机构间相互持股，一旦危机发生，便会产生“多米诺骨牌”效应；企业的主要资金来自银行，银行承担着巨大的企业经营失败的风险。最后，德国的金融结构并没有很好地起到促进创新的作用。德国风险投资的发展落后于英国和美国；银行体系庞大在一定程度上阻碍了金融市场的发展。银行本身的融资特性就决定了其在为技术创新提供资金方面稍逊于金融市场，新兴创新型企业因为缺少可以抵押的有形资产及未来收益的不确定性，不受银行的青睐，反而是金融市场更能促进技术创新。

概括而言，金融结构促进产业发展的路径和机制并不是一成不变的。德国从之前的高度依赖银行融资，到现在也开始寻求金融市场和非金融机构来帮助

企业创新。当产业衰落时，银行的主导作用显露优势，为其他国家促进衰落产业转型提供思路。随着经济的发展，中小企业的作用日益凸显，德国政府一方面实行促进中小企业发展的经济政策，另一方面通过银行体系完善中小企业的融资渠道、建立相关投资机构、设立资助项目等。这些措施对于我国促进中小企业发展有很大的启示。

三、不同地区金融创新支持经济结构发展经验比较与借鉴

经济结构的合理性对一个地区的经济发展有着至关重要的影响。纵观世界经济的发展，不同国家或地区的经济结构都在发生着深刻的变化，当地政府往往会致力于制定及施行一些符合地区情况的经济结构发展政策，以期实现地区经济结构的优化升级。为更好地分析地区经济结构发展现状，寻求金融创新支持经济结构发展的方法，制定符合我国实际情况的经济结构发展政策，对一些典型的国家和地区产业结构调整政策进行比较分析，汲取先进经验是十分必要的。

综合来看，前文所述对推动区域性金融改革创新发展、支持经济结构发展具有一定的借鉴意义。其主要表现在以下几个方面：

（一）金融创新可从多方面有效支持经济结构发展

美国的历次经济结构发展都离不开金融创新的支持。资本市场与商品期货市场的建立帮助美国实现了首次大规模的基础设施建设，并推动了资本主义的生产方式在美国农业中普及。联邦储备体系的建立与股票市场的成熟为美国的工业化进程提供了强大的资本支撑。美国完成工业化之后，金融创新的浪潮更加迅猛，共同基金、养老基金等新型机构和业务得到了长足的发展，金融市场效率不断提高，国际化趋势不断加快，逐渐使第三产业在经济结构发展中占据了优势地位。近几十年，在不断发展的风险投资、收购兼并、资产证券化、衍生交易化等金融创新的支持下，美国又在发展高新技术产业方面一马当先。

从美国和德国的经验可以看出，金融创新发展对一个地区经济结构的优化调整确实具有十分重要的意义。金融创新对金融市场配置资源能力的不断解放，可以给一个地区的技术进步和产业升级带来有效的资本支撑；金融制度上的创新安排和金融业务上的创新设计，可以使本来不容易获得金融资源的经济主体获得宝贵的资金供给；同时，金融业本身的创新发展，也能广泛带动相关服务行业的进步。目前，我国很多地区的经济在快速增长的同时，还存在经济内生性不够强、技术创新能力有待提升等问题，而金融创新有利于技术创新和经济结构升级，进而实现该地区创新驱动、内生增长的发展蓝图。

首先，我国必须继续深化金融体系改革，引导资金向高附加值、高技术含量产业流动，支持以技术进步为原动力的产业创新，尤其是对那些科技含量高、有迫切创新需求的中小企业，应该给予政策和金融上的支持。其次，鼓励金融创新，鼓励银行间竞争，提高金融服务水平，推进金融深化，使银行等金融中介机构主动渗透到产业发展中，主动参与产业结构调整，进而满足不同产业发展的需要，促进产业结构升级。

（二）坚持以市场为主导的同时，政府应发挥合理的引导作用

金融创新支持经济结构发展的逻辑在于，当传统产业发展成熟、竞争力逐渐衰退的时候，通过金融创新可以有效地发掘和扶持可以成为新的增长点的高技术产业，而金融创新带来的金融深化又能进一步帮助其走向成熟，从而完成经济结构的转型。在这个过程中，金融市场价值发掘、资源配置的功能往往会起到主导作用。以美国为例，其金融体制一直都以市场为主导。早期的美国金融系统高度自由，政府对金融业干预极少，在近乎“野蛮生长”的状态下，层出不穷的金融创新或是为了追求高额回报，或是为了规避风险。尽管这些创新本质上大多基于银行家们对利润的追逐，但客观上它们的确大大提高了美国金融市场的效率，助推了美国的工业化进程。大萧条之后，美国的金融监管力度增强，但对金融业经营的直接干预依然不多。高度监管的结果是没有抑制市场创新要求，在技术成熟、环境适宜的时候，市场竞争自然地引发金融创新，将金融风险在更大范围内分散和转嫁，将投资需求与融资需求更好地结合起来，这些都使经济转型过程中新兴产业的开拓者们受益。类似地，德国同样实行自由开放的经济政策，坚持市场主导、公平竞争的自由经济体制，政府采取加大支持、减少干预的策略，这对中小企业的融资等产生了极大的促进作用，市场的活跃为德国高科技产业的发展提供了强有力的支持。

但是，在没有发达的资本市场与活跃的风险投资的情况下，信息不对称可能会导致市场失灵，金融机构出于自身利益可能不会对中小企业给予足够的金融支持，而在经济结构发展过程中，高新技术企业的起步阶段是极其困难的，同时也是极其重要的。因此，政府的帮助和扶持对高新技术企业的发展意义重大，起步时期的政策倾斜和支持能够使该行业的运转很快进入良性循环的轨道。

综上，值得借鉴的是，区域性经济结构发展必须首先坚持发挥市场需求和供给的变化对金融创新的主导作用，同时有计划地引导和干预金融创新的发展方向，以使其支撑产业的战略调整。为取得良好的调整效果，我们既要注重发挥市场机制的作用，又要在市场失灵时积极发挥政府部门的作用，根据本区域

实际情况和未来发展趋势引导金融创新的发展方向，使其更好地支持实体经济的发展，为优化本地区产业结构提供资金保障。

（三）审慎防范金融创新给经济结构发展带来的潜在风险

历史上几次主要的金融危机之前，都有比较密集的金融创新，2008 年国际金融危机的爆发引发了人们对资产证券化、金融衍生品和综合经营的反省和讨论。尽管金融创新并不是直接导致金融危机爆发的“罪魁祸首”，但对危机的快速扩散和放大，确实在一定程度上起到了助推作用。金融创新可能导致信用扩张，而信用一旦扩张，就会造成实体经济过热。如果实体经济的收益和金融资产的收益不协调，就会有大量的资金涌入金融领域，即资产价格领域，这就有可能进一步推动资产价格的上升，所以信用扩张有可能带来资产价格的泡沫。这种泡沫一旦形成，就会导致资源的错误配置，造成系统性风险。

鉴于这种负面作用，防范金融创新带来的风险早已成为各国的共识，从美国的金融发展史可以清楚地看出，金融创新和金融监管始终相互依存和相互影响，它们处于一种动态的“博弈”之中。金融创新在持续推动金融发展、提高运行效率的同时，必定会产生新的风险，并且对现行金融监管的制度和规范不断进行冲击，促使金融监管制度不断完善。同时，金融监管也为金融创新树立了“风向标”，在一定程度上引导、刺激金融创新。金融监管规定了金融创新的环境、规范。合理有效的金融监管为金融创新提供了动力和活力。

金融监管不足既有金融衍生品过于复杂而难以监管的技术原因，又是由金融产品创新超前于金融监管法规的内在特点所决定的。在金融深化过程中，一个地区必须处理好风险防范与金融创新的关系，既不能以风险为由抑制金融创新，也不能过度创新而忽视风险防范，要正确处理金融创新与金融监管的关系，实现两者在互动博弈过程中的协调发展。力争让金融创新在有效支持经济结构发展的同时，不让“创新”超出“监管”，真正做到“防患于未然”。

回顾不同地区经济结构发展的经验，虽然不同地区具有不同的背景及经济结构的成因，但总体看来，它们之所以能够顺利转型，完成经济结构的优化升级，是因为这些经济体能够准确分析自身优势，制定并实施恰当的经济结构发展政策，以适应全球经济发展的趋势。金融是现代经济的核心，在经济社会发展中具有重要的导向性作用，是一个地区现代经济发展的重要支点和环节。在地区性经济结构发展中，需要运用好金融创新这个支点。对我国很多正处于工业化后期且快速发展的地区（城市）而言，其可以借鉴其他国家和地区经济结构升级的成功经验，鼓励金融创新，支持本地区战略性新兴产业的发展，推动本地区经济结构优化升级。

第二节　金融创新支持地区经济结构发展的理论分析

一、基础模型的介绍

（一）家庭消费行为

拉姆齐模型将研发和劳动的增长率视为外生变量，利用竞争性市场之中家庭的效用最大化和厂商的利润最大化条件，推导出产品在消费、投资二者之间的配置调整和变化。本书为了简便，没有在拉姆齐模型之中考虑人口增长，并假设每期资本存量全都转为产品，资本存量等于新投资的总量。

1. 家庭的效用函数

因为假定不存在人口数量的上升，所以在本书中假定一个家庭只由一个人组成。这种家庭的效用函数可记作

$$U = \int_{=0}^{0} \ln c \cdot e^{-pt} dt \ (\rho > 0)$$

上面公式中，ρ 代表贴现率，c 代表家庭消费，即家庭的人均消费。同时，劳动与资本二者的私人边际产品可以代表两种要素的报酬水平。

2. 厂商部门的行为

厂商部门的生产和销售活动需要利用劳动与资本，并按照边际产品支付劳动和资本两种投入要素的回报。其中，资本要素的边际产品可以写成生产函数的导数形式 $f'(k)$，即 $\partial F(ZL, K)/\partial K$。因为折旧率设定为100%，其真实利率可表示为

$$r_t = f'(k_t) - 1$$

3. 家庭部门消费行为

根据拉姆齐模型，该家庭将满足如下消费路径：$\frac{\hat{c}}{c} = r_t - \rho$

本书中把消费增速表示为 a_c，在不存在人口数量上升的条件下，消费总量的增速 a_C 与人均消费增速 a_Y 是相等的。考虑到消费增速是 a_c，则新投资的总量（或资本存量，以 a_I 表示）和产出的增速（$r_t - \rho$）与消费增速是一致的。

$$a_c = a_C = a_Y = a_I = r_t - \rho$$

本部分揭示出稳态条件下，家庭消费活动和贴现率、利率两个变量的紧密关系。下面将分析厂商部门的生产行为。

（二）厂商生产行为

内生增长模型将研发视作内生变量，并将熊彼特的创造性毁灭的思想引入

模型。阿吉翁-霍依特模型具有两类效应：第一类效应是研发活动条件下原有技术和产品逐步被淘汰，技术和产品占有者不能再获取垄断利润；第二类效应是随着研发活动的不断出现和工资水平的上升，在缺乏研发和创新的部门，会出现利润水平和就业量不断下降的现象。本部分将利用阿吉翁-霍依特模型，分析研发活动和资本积累二者之间的联系。

1. 生产函数

依据阿吉翁-霍依特模型，本书假定只存在一种最终产品（该产品为计价单位），该产品保持规模收益不变，该产品市场属于完全竞争市场，该产品可以用于研发、投资和消费。在该产品的生产过程中，劳动和中间产品是全部投入的，其中中间产品是研发活动的成果。

该产品生产函数，记作

$$Y_t = C_t + I_t + M_t = L_t^{I-a}\int_0^I Z_{it} \cdot X_{it}^a di\ (0< a <1)。$$

其中，Z_{it} 为 t 期第 i 类中间产品的生产率；X_{it} 为 t 期第 i 类中间产品的数量；L_t 为劳动力的数量。在阿吉翁-霍依特模型中，一个重要假设在于研发需要用劳动力和中间产品进行生产，这符合现实中有关研发的经验。因此，该模型分析表明，研发与资本积累是经济增长过程中相互促进的一对互补性因素。

2. 中间产品

中间产品市场属于垄断市场。中间产品的生产部门通过购买专利或自行组织研发取得垄断地位，并在新的研发成果问世之前，始终拥有垄断利润。本书假设，中间产品的生产不将劳动作为投入，只需要使用资本品。中间产品生产函数可以记作

$$X_{it} = K_{it}/Z_{it}$$

其中，生产第 i 种中间品时，需投入 K_{it} 单位的资本品，方可获得单位的中间产品。这个生产函数的表达形式反映出，伴随着技术进步和产品研发，生产中间品的资本密集程度会不断趋于提升。

二、金融创新支持经济结构发展的微观机制

不同的金融机构在促进经济结构发展过程中的作用机制和比较优势是不完全一致的。以企业公开上市融资为例，该种融资方式在资本积累方面具有比较优势。很多拥有一定自有资本、技术较为成熟的企业，可以通过公开上市等方式融资。与之不同的是，注重事前风险管理的私募股权基金，往往会将创业者在技术进步与商业模式创新方面的优势和私募股权投资基金在资本优势及运营

管理经验方面的优势紧密结合起来，提高新企业的形成率，促进研发投入和创新活动的开展。在金融体系中，企业融资通常采用多种形式。例如，银行贷款、债券融资、上市融资、私募股权基金融资等。

（一）模型基本假设

在内生增长模型中，包括投资者、金融机构和创新型企业三个市场主体。投资和融资双方先就资金供求意向达成一致，待投资成功后，投资和融资双方再分配收益。在该模型中，假设三个市场主体都属于中性风险，都承担有限责任（最后资金量都≥0），这有助于研究激励机制问题。

1. 项目和企业家的主要特征

本书利用企业家自有资本、项目成功概率、项目成功后获得的收益、企业家利用道德风险能获取的利益等，揭示投资项目的主要特征。根据风险和收益特征的不同，本书中设定两种项目：低风险低收益项目和高风险高收益项目。企业家的尽职程度和项目成功率是正相关的，但是当企业家一味追求个人私利而出现道德风险时，项目的成功率会降低。通常，投资方会考虑让企业家将其自有的一部分资金投入项目中，进而降低企业家道德风险致使项目失败的概率。

2. 纳入金融中介（金融机构）

金融机构（受投资者之托）和企业之间需要达成一个激励相容的合作方式，使各方都有利可图，进而促进储蓄转化为投资，促进经济持续发展。结合我国地区性金融改革创新的实际情况，下面将从公开上市融资和私募股权基金融资这两种融资方式下各方进行合作的具体形式来加以分析，这一分析过程的目的是求解实现各方激励相容的条件。

（二）企业上市融资及其融资决策

企业上市融资是指企业直接在公开资本市场上向家庭（消费者）进行股权融资，如IPO（首次公开募股）等形式。企业和家庭（消费者）是企业上市融资的两个主要参与主体，在本模型中不讨论上市融资的中介服务机构或监管机构。在企业公开上市融资时，本书假定，投资者（家庭部门或其个体）对投资项目不甚了解，是所谓的“不知情投资者”，这与现实中资本市场内个人投资者往往缺乏足够的专业知识或能力监督企业的状况是一致的。此时，投资者填补了企业家所面临的融资缺口，企业家则将自有资金投入项目中去。

（三）私募股权基金融资与企业研发活动的开展

对于绝大多数的创业企业（尤其是高科技企业）而言，其经营往往具有高风险、高收益的特点，此类企业难以通过公开上市融资获得必要的资金，一个重要的原因是企业家缺乏足够的自有资金。但是一些创业企业具有先进的技术专利或领先的商业模式，因此具有较大的发展空间和成长性。注重事前风险管理的私募股权基金十分适合支持创业企业发展。

三、植入金融创新的内生经济增长模型

（一）引入金融创新的经济结构发展

这里将金融创新引入经济运行，刻画包含金融创新的经济运行机制，描述内生增长模型的新特征。

1. 经济增长的稳态条件

根据阿吉翁内生增长理论，经济增长达到稳态均衡的条件是投资增长率、消费增长率、研发投入增长率和创新增长率等参数均等于创新的增长率，如下所示：

$$a_Y = a_C = a_M = a_I = a_K = a_Z = \lambda m\sigma$$

2. 具有金融创新的经济运行机制

在稳态条件下，时期 t 内研发部门通过研发实现创新后，新技术与资本品结合生成中间品，中间品再与劳动结合生成最终产品。由于中间品和最终资本品及消费品的生产对融资方式的需求基本相同，并且专门对中间品生产建模显得比较烦琐，因此人们将中间品生产和最终品生产视为统一的过程。本书根据不同融资方式的特点和适用对象，在引入金融创新之前，假定私募股权融资更有助于研发和技术创新，而企业上市融资更有助于促进资本积累。下面按照此假定来描述经济的运行机制。

内生增长模型中的经济运行机制在引入金融创新以后，可以重新表述为：创新者和私募股权基金组成研发部门；研发部门的创新成果应用到中间品生产当中以后，中间品的垄断利润仍然属于研发部门，而创业者和私募股权基金共同分享这一垄断利润；中间品的生产除了需要创新的技术，还需要资本，中间品与劳动相结合生产最终的资本品和消费品。假定中间品乃至最终产品的生产采用成熟的技术和公开融资的方式。由此，私募股权基金对应研发创新部门，公开资本市场对应生产部门（这里的生产部门是中间品与最终品的统一）①。

下面分别讨论金融创新的不同融资方式在促进创新和资本积累中的作用和具体的传导机制。

（二）私募股权融资促进研发创新的机制

作为驱动经济结构发展的重要力量，研发投入和技术（或商业模式）创

---

① 李永辉．金融体系与内生经济增长［D］．上海：上海社会科学院，2008：46.

新是解释经济结构发展的重要因素。本部分主要分析了私募股权基金在促进研发投入和创新增长中的作用，证明了私募股权基金能够提高创业企业的成功率。创业企业成功的可能性越大，就越能吸引新的创业者投身创业，也会吸引更多的资本投入私募股权基金市场，从而提高全社会整体的研发投入，并且私募股权基金还有助于提高资本密集度（这有助于资本积累）。

1. 研发创新的决定因素

在稳态增长条件的基础上，可以计算出稳态增长率：

$$a_Y = a_Z = \lambda m \sigma$$

因此，研发投入和创新能影响稳态增长率。研发投入和创新又由研发生产力和研发密集度 m 所决定。下面就研发生产力和研发密集度如何决定做具体分析。

2. 私募股权基金在研发创新中的作用

要研究在研发生产力和研发密集度变动中，私募股权基金所起的作用，就要研究研发部门和私募股权基金市场的均衡条件。从内生增长理论和创新融资微观机制这两者综合来看，本书将创业企业的成功概率视作创新抵达率或研发生产力，同时将创业企业的收益率看作创新价值。由此，本书认为私募股权基金对创新的作用体现在提高创业企业的成功率和研发密集度上。

①私募股权基金对研发生产力的作用。私募股权基金市场的均衡条件公式如下：

$$\lambda_h = \frac{r^* \cdot (1 + \gamma^V)}{S_{VC} \cdot r_h}$$

在上式中，私募股权基金的股份安排是给定的，因此不需要考虑股权因素在私募股权基金中的作用。此外，私募股权基金项目的收益率也不在考虑范畴之内，这是因为私募股权基金项目的收益率是由其本身的性质决定的，尽管项目收益率的大小决定基金投资与否，但这并不影响项目成功的概率。这样私募股权基金影响创新概率的参数就只剩下了监管成本。私募股权基金对创业企业的监管不仅在于消减创业企业家的逆向选择和道德风险，还在于通过为企业提供运营指导、合作资源和人脉关系等以提高企业的成功率。

所以私募股权基金的监管参数更多的是反映私募股权基金对企业的帮助和投入，私募股权基金的帮助和投入越大，监管努力水平越高，企业成功的概率也就越大。所以，本书认为监管参数反映了私募股权基金的能力和监管努力程度。在一个经济体中，发达的私募股权基金体系和专业的投资人员，不仅能够为创业企业提供资本，还能够为企业的成长提供全方位的管理咨询和社会关系支持，由此所带来的价值体现在企业较高的成功概率上，这体现了私募股权基金对创新的贡献。

②研发生产力对于研发投入的作用。研发投入与技术前沿参数之比，即研发密度公式如下：

$$m = M/Z^{\max}$$

由此式可知：

$$a_m = a_M - a_Z^{\max}$$

而 $a_Z^{\max} = \lambda m\sigma$，所以，$a_m = a_M - \lambda m\sigma$。

根据上述公式，在稳态增长路径上，当 a_M 提高时，要 a_m 维持不变，$a_Z^{\max}$ 必定要增加，这意味着要增大研发投入。加大研发投入，可以提高研发生产力和创业企业成功率，从而能够维持并提高研发密集度的水平。创业企业的成功率越高，越多的创业者就会被吸引到创业浪潮中，私募股权基金行业也会吸引更多的资本。这体现了私募股权基金在提高研发生产力和增加研发投入上的作用。

（三）创新融资方式和资本积累

作为经济结构发展的重要驱动力，投入资本的积累是研发创新之外另一个分析经济结构发展的重要因素。在折旧率为100%的假设之下，模型中不会有历史形成的资本存量，资本存量等于当期投资，资本存量增长的实质就是投资量的增长。

首先，在进行上市融资的条件下，社会投资规模由企业家自有资本的规模决定。同时，社会融资规模还受到投资规模和企业家自有资本之间的比例系数的影响，本书将这种比例系数称为融资效率。融资效率是指金融体系为实体部门融资的效率，融资效率的大小决定着金融机构风险管理能力的强弱。对企业家自有资本的要求越低，融资效率也就越低，金融机构风险管理能力也就越弱，同时对企业家自有资本的要求也就越高。

其次，在融资效率保持不变的情况下，资本积累的增长率由企业家自有资本的增长率所决定。如果融资成本和企业盈利率保持不变，那么企业自有资本增长率也会保持稳定。但是，除了受传统行业企业家自有资本增长的影响，整个社会的企业家自有资本的增长率还取决于成功的创业企业的资本积累行为。虽然企业家在创业期间自有资本为零，但是企业家在创业成功之后会获得创业利润，这些利润能够转化为企业自有资本。当资本积累到一定程度时，这些企业能够进行创业融资，即成功的创业企业能增加社会总的自有资本量。

第三节　金融创新支持地区经济结构发展的实证分析

一、金融创新的定量化指标

20 世纪 90 年代，发达经济体的货币化比率呈现下降的趋势，戈德·史密斯（Gold Smith）对金融相关比率（financial interrelations ratio，FIR）这一衡量一国经济金融化的指标进行研究，却发现了与经济发展轨迹基本相符的结果。而且金融相关比率这一广义指标能够有效衡量金融上层结构的相对规模，反映金融深化程度与内部结构关系，强调金融与实体经济的关系。例如，金融工具运用的比例、金融资产分布状况、金融中介化程度等①。在经济金融化进程中，金融结构的作用不亚于总体规模，这些指标均可以直接或间接地作用于实体经济。实际上，广义的经济结构还包含金融结构。伴随着金融创新活动的发展，除了规模化指标与结构性指标，越来越多的金融创新及金融效率指标被用于衡量金融化程度。由此可见，学界对于金融创新的衡量和理解有了新的进展。

此外，正如在前面理论分析中所阐述的，金融创新，重要的不是一种产品或过程（这通常是不明显的）的创新，而是创新在市场中的扩散。因此，在各类金融创新及其扩散效应下引致的金融结构的变化也可以被间接看作量化金融创新的一种方式。此外，这些间接反映金融创新指标的一个优势在于它们的数据可以从现有的统计报告中获得，并应用于实证分析中去。

（一）直接反映金融创新的金融指标

1. 金融创新贡献率

金融创新贡献率是指在一定时间内，金融创新所引发的金融业收益增加值占金融业增加值的比重，该指标反映了金融创新对金融业发展的贡献程度。其具体表达式为

$$I = K/V$$

其中，V 代表金融业增加值，K 代表创新所引发的金融业收益增加值提升的部分，I 代表金融创新贡献率。

金融创新贡献率指标要依据金融管理部门设置的统计指标，由对金融机构的层层统计获得。该指标能够有效评价金融创新对金融业发展的贡献水平，数

---

① 孙强语. 经济金融化与经济结构调整［J］. 现代营销（经营版），2020（10）：134-135.

据的关键在于对 K 的计算。由上式可知 I 与 K 呈正相关，金融创新所引起的金融业增加值提高得越多，金融创新贡献率越大。

2. 创新金融产品替代率

创新金融产品替代率，是在一定时间内，旧的金融产品被新的金融产品淘汰的速度。其具体表达式为

$$Z = M/N$$

其中，M 代表一定时间内出现的创新金融产品的个数，N 代表一定时间内被淘汰的金融产品个数，Z 代表创新金融产品替代率。

如果将 $Z=1$（金融产品的创新速度与金融产品的淘汰速度相等）作为基准，那么 $Z>1$ 可能意味着金融创新活动较为活跃，$Z<1$ 可能意味着金融创新活动不够活跃。需要注意的是，对于后一种情况，可能存在新的金融产品兼容了此前数种旧的金融产品的功能的现象，因此 $Z<1$ 并不意味着金融创新的水平不高。本书认为 Z 的大小与一个地区金融业管制的程度和金融业开放水平有关，这些因素直接影响了金融产品创新的节奏和进度。

3. 创新金融产品引入系数

创新金融产品引入系数是指在一定时期内，金融机构新引进的金融产品个数与机构自身现存金融产品（包括留存的金融产品、本期研发的金融产品及引进的金融产品）总数之比。

创新金融产品引入系数可表示为

$$C = F/(B + S + F)$$

其中，B 代表留存的金融产品个数，S 代表本期自主研发的金融产品个数，F 代表新引进的金融产品个数，C 代表创新金融产品引入系数。

值得注意的是，在自行创新的产品中，在性质、功能及业务处理方法上与引入产品相同或相近的产品全都被算作引入的创新金融产品。创新金融产品引入系数反映了一个地区的金融业引进新金融产品的速度，反映了该地区金融业的创新活跃程度和金融管制程度。

（二）间接反映金融创新的金融指标

1. 金融相关比率

金融相关比率是指某个时点上一个国家（或地区）全部金融资产价值与该国（或地区）经济活动总量的比值。该指标由美国经济学家戈德·史密斯于 1969 年提出。该指标中，金融资产总额为狭义货币（M1）、金融机构运用的资金（不含有价证券投资）、债券余额、股票流通市值、保费余额之和，经济活动总量为 GDP。考虑到数据的可得性，本书选取 S 地区金融机构存款总额

与贷款总额之和来近似代表金融资产总额，将经济活动总量选取为该地区的GDP。因此，该地区的金融相关比率等于该地区金融机构存款额与贷款额之和占GDP的比重，在本书中用FIR表示。

2. 金融市场化比率

金融市场化比率是指金融机构贷款中私营、个体和乡镇企业贷款之和占金融机构贷款总额的比重，用于测度一个地区非国有经济获得金融机构贷款的难易程度，反映了一个地区金融体系的市场化程度，在本书中记作FMR。

3. 金融机构运营效率

金融机构运营效率反映了金融机构在营利性、安全性和流动性之间的权衡。该指标等于金融机构的贷款总额与金融机构的存款总额的比值，在本书中记作FOR。从国际银行业的经验来看，FOR通常处于0.5~1.0，FOR过高和过低都意味着金融资源配置不当，过低意味着资金的浪费和占用，过高意味着太高的杠杆率和金融风险。在FOR大于1且该指标值降低并接近于1的过程中，本书认为金融机构运营效率会趋于改善。

4. 金融负债结构

金融负债结构，是指金融机构存款中家庭储蓄的占比。本书用城乡居民储蓄与金融机构当期存款总额之比来表示这一指标，记作FSR。该指标反映了金融机构存款的结构特点。

二、金融创新与经济结构发展长短期关系分析

经济系统中特定因素（如本书中的金融创新因素）对经济结构的影响是一个动态过程。VAR模型（向量自回归模型）① 常常用于预测相互关联的时间序列系统及分析随机扰动对变量系统的动态冲击，从而解释各类经济冲击对经济变量的影响。本书基于VAR模型，运用脉冲响应函数和方差分解的方法研究金融相关比率（FIR）、金融市场化比率（FMR）、金融机构运营效率（FOR）、金融负债结构（FSR）对一个地区经济结构的动态影响，并运用协整检验②，分析这些金融创新相关变量和经济结构之间的长期均衡关系。同时，本书利用脉冲效应、方差分解方法，分析了金融创新相关变量对经济结构发展的动态影响。

---

① 王丽荣，沈雨彤，沈小瑞，等. 基于VAR模型的中国金融服务贸易国际竞争力研究［J］. 经济问题，2016（7）：56.

② 孟萍. 重尾过程的协整检验［D］. 太原：山西大学，2016：3.

（一）理论分析

一国金融创新发展与该国国民收入和财富存量增长及经济结构有何关系？一国的商业储蓄银行、保险公司、开发银行、股票和债券市场、信用合作社，以及其他金融机构的创新发展与该国国民收入流量和财富存量增加的关系是怎样的？金融创新和经济结构有何关系？1945 年以后很长一段时间内的研究大部分集中于实物经济的发展（资本积累、贸易发展等）过程，而对各种金融创新没有进行深入的分析，或者认为它们没有影响，或者认为其影响不清楚。

与这种后凯恩斯主流方法不同，在此之后出现的观点对私人金融中介机构的发展持更积极的态度，认为金融发展虽然在过去一直被忽略，但却是总体发展过程中不可缺少的组成部分。对金融中介化的分析表明，其功能在于通过分散债务风险和改变债务期限结构，使之对储户和借款人更具有吸引力，从而提高储蓄刺激，使信贷更容易获得。理论上，这些活动从两个方面产生收益，其一是使储蓄增加，其二是使储蓄在生产上更有效地配置。根据这一点，金融创新通过加强中介化而刺激实体经济的发展和促使其结构变迁。对投资风险进行更广泛且有效的分散有助于实现高速资本积累。贸易融资允许对即将出口的有形商品的金融价值进行直接的再利用，促进了外贸的相对扩张，但是金融发展对工业化进程的刺激，似乎还不太明显。农村家庭的储蓄通过正式的机构进入城市借款者的手中，后者用这笔资金投资于工业、分配和其他服务，从而帮助工业企业获得需要的资金。

本书就有关发展中混合经济的一些宏观经济模型持如下观点：金融通常根据实际经济变化进行被动调整，且总储蓄不随利息率变化而变化。新古典主义和货币主义模型赖以建立的假设与此有很大的不同。在经验上，它认为金融发展是实际经济变化的充分甚至是必要条件。即使是在金融压抑的条件下，经过很长时间，实际经济也出现了相当大的发展。但是金融创新确实形成了特定部门或地区的有效增长周期。基于以上理论，本书将通过实证方法，分析一个地区的金融创新对经济结构发展的影响。

（二）模型构建：变量选取和 VAR 模型的确立

基于上文中提及的金融创新与经济结构发展的理论分析，本书认为一个地区经济结构的变化与金融创新活动有关，因此本书构建了含有 5 个变量的 VAR 模型，反映了 1980—2010 年 S 地区金融创新指标和经济结构之间相互影响的动态过程。除了金融相关比率（FIR）、金融市场化比率（FMR）、金融机构运营效率（FOR）、金融负债结构（FSR）这 4 个金融创新相关指标之外，本书还选取了 S 地区第三产业增加值占 GDP 比重作为反映本地区经济结构发展的指标（SE），并纳入模型之中。之所以选取以上 5 个变量，主要是考虑到金融理论和数据的可得性。VAR 模型表示如下：

$$Y_t = C + A_t Y_{t+1} + \cdots + A_{t-p} Y_{t-p} + \varepsilon_t$$

其中，Y_t 为五维内生变量，C 为三维常数项向量，P 为滞后阶数，$A_t \cdots A_{t-p}$ 为模型的系数矩阵（5×5 矩阵），ε_t 是五维扰动向量，t 为所选取样本的期间数。

（三）实证分析

1. 单位根检验与 VAR 模型的拟合情况

首先，为了避免非平稳的经济变量在回归分析过程中出现伪回归问题，本书首先对时间序列进行了平稳性检验，这也是进行协整检验的基础。本书采用 ADF 的检验方法，对上述 5 个变量逐个进行单位根检验。检验结果显示，原序列都是非平稳的，但一阶差分后在 5%的显著性水平下都是平稳的，所以每个变量都是一阶单整的，即满足协整检验的条件①。换言之，金融创新相关变量方程和经济结构方程的残差项之间存在的同期相关系数较高，这进一步表明金融创新与经济结构发展之间存在同期的影响关系。

2. 基于 VAR 的协整检验

协整检验的结果（用 Johansen 方法②得到的协整检验结果）表明，当假设不存在协整关系时，拒绝了原假设，表明至少存在 1 个协整关系，即从长期来看，这 5 个变量之间存在一种长期的均衡关系（协整关系之下的稳定状态）。

3. 脉冲响应和方差分解

建立 VAR 模型，本书利用脉冲函数来刻画金融创新相关变量的波动与经济结构波动之间的动态影响。同时，利用方差分解的办法确定各个金融创新变量波动对于经济结构波动的贡献率。

脉冲响应函数表示一个内生变量对一个标准单位误差的反应，即在随机误差项上加上一个标准差大小的冲击对内生变量的当期和未来值所带来的影响。其大致影响如下：第一，金融资产总额占 GDP 比重一次性提高后，经济结构中第三产业占比将呈微上升态势，并持续多期，但是金融相关比率的上升并没有对经济结构造成特别明显的影响。这表明金融资产规模的扩大，并不能直接提高第三产业的比重。当然还有一种可能性是金融资产的扩张更多地支持了制

---

① 陈志刚，王晓夏，桂立. 金融发展对中国区域城镇化的影响［J］. 经济经纬，2016，33（3）：155-160.

② 梁红梅，赵宏宝. 网络购物、人均可支配收入对社会消费品零售总额的动态关系研究：基于 Johansen 检验与 VEC 模型的分析［J］. 重庆理工大学学报（自然科学），2020，34（8）：203-209.

造业和实体经济部门的发展，这无疑与S地区经济正处于工业化后期的特定发展阶段有关。第二，金融机构家庭储蓄占比提高和金融市场化程度提高，将有助于经济结构的调整。“藏富于民”和金融业的市场化改革将有助于优化经济结构，特别是支持第三产业的发展。第三，2000年前后较长一段时期内，S地区FOR指标大于1时，FOR指标绝对值的下降实际上降低了该地区金融体系的杠杆率，优化了金融资源配置效率，进而促进了该地区经济结构的优化。因此，二者之间为负相关的关系。

第三章　经济结构发展与最优融资模式实践研究

第一节　融资模式结构和经济结构发展的界定

一、关于融资模式结构及其评价标准的界定

（一）对融资模式结构的界定

金融体系的核心功能是动员储蓄并将其转化成投资，金融需求的核心是融资需求。在融资需求的满足过程中，根据资金流动是直接借助一次合约（资金供求双方直接见面）还是两次合约（经过金融中介），可区分出两种不同的融资模式，即直接融资和间接融资。

1. 传统理论对金融结构的界定

现有比较金融学文献通常将提供直接融资和间接融资服务的金融制度安排分别定义为金融市场与金融中介，金融市场促成投资者与融资者借助一次合约完成资金转移，即金融市场对应直接融资。金融中介则对应间接融资，金融中介（银行等）通过先与储蓄人签订一次合约实现双方资金转移，再与融资人签订二次合约建立债权债务关系。在此过程中，资金的最初所有者与资金的最终使用者并未建立直接的债权债务关系或股权关系，而是借助银行中介等来实现联系。

在已有文献中，金融市场与金融中介在整个金融体系中的相对重要性及其比例关系，构成传统“金融结构”一词的主要含义。如果某国的金融市场相较于金融中介在金融体系中占据更重要的地位，则通常将该国的金融结构归类为市场主导型金融结构，以英、美两国的金融体系结构为代表；反之，则归属于银行主导型金融结构，以德、日两国的金融体系结构为代表。

2. 本书对融资模式结构的界定

在传统理论中"金融结构"一词定义的基础上，本书将融资模式结构界定为金融体系内各种融资制度安排的比例关系和相对构成。此定义与已有文献的一般定义有所区别，因为融资制度安排是更广义的"融资模式"界定，融资制度安排既可以是金融市场与金融中介，也可以是直接融资模式中更细化的内容，如股权融资、债券融资或者风险投资基金等；或者是间接融资模式中更细化的方式，如大银行融资和中小银行融资（大银行和中小银行在资金供给规模、信息生产方式、风险分散能力等方面有显著差异，有必要予以区分）。

（二）对融资模式结构评价标准的界定

1. 对传统理论中金融结构比较的简要评述

在比较金融系统理论中，对金融结构优劣的比较主要从金融中介和金融市场两者的功能特性比较出发，选择的维度主要有风险管理视角、信息处理视角、公司治理视角等。两者的功能特性如表 3-1 所示。

表 3-1　金融中介与金融市场的功能特性比较

项目	金融中介（以银行为例）	金融市场（以股票市场为例）
风险管理视角	银行采用跨期（纵向）风险平滑机制来分担风险，但银行为融资企业提供的风险管理服务相对简单	金融市场采用跨域风险分散机制来分担风险，同时为融资企业提供多种类、个性化的风险管理服务
信息处理视角	银行中介通过将资金贷放给其拥有特殊信息的借款企业或个人，缓解金融交易中的信息不对称问题	私人信息通过金融市场上的交易被吸收到资产的市场价格中，从而使私人信息变成公共信息，但同时也带来"搭便车"行为，即个别投资者过于关注市场价格，而不愿花成本去研究企业
公司治理视角	银行通过贷后监督、关系型融资等机制与企业建立紧密联系，在公司治理等方面有较大的控制力与影响力，并能提供与公司治理相关的金融服务，但也存在过度控制的可能	金融市场无法提供有效的公司治理手段，表现为外部人与内部人的信息不对称削弱了收购的潜在有效性，同时金融市场的高流动性可能使社会福利受损，也会减少有效公司治理的激励

可以看出，传统的金融结构比较法主要侧重于从金融中介和金融市场的特性出发，主要从融资模式对融资企业需求的满足度及对融资企业产生的影响来分析优劣。这种比较法存在三个方面的问题。

第一，注重融资模式对融资企业的影响的分析，但缺乏整体经济结构、社会环境对融资模式结构选择的影响的分析。一国或一地区的融资模式结构既受融资企业的金融服务需求的影响，又受该国或地区的经济发展水平和社会环境的深刻影响，因此不能脱离金融体系所在的经济环境和社会环境来谈何种融资模式为最优模式。

第二，注重银行中介与金融市场的横向比较，忽略了融资模式结构的纵向变迁。从历史角度来看，一国或一地区的融资模式结构是处于不断变迁过程中的，那么在其变迁过程中是否存在变迁规律？如果有的话，是什么决定了这种规律？这些问题还需深入研究。

第三，注重研究企业的融资需求特点，但忽略了企业所处的产业的变化趋势。在一国或一地区的不同发展阶段，产业结构是不断变化的，这种变化势必影响实体经济对金融体系的需求。最优融资模式结构应不断适应这种需求而不断跟随变化，甚至主动预先变化以引导实体经济的发展。

2. 国内学者评判融资模式结构优劣的新视角

在国外学者的结论的基础上，我国学者提出了一些评判融资模式结构的新视角，现重点分析如下：

（1）经济结构决定融资模式结构。

2009 年，林毅夫等提出“经济发展中的最优金融结构假说”，其最初出发点：不同金融制度安排在动员储蓄、分散风险和配置资金等方面的机制与方式各有优势和劣势，因此单方面讨论金融市场和金融中介的特性难以确定何种金融结构有利于经济发展，须深入分析金融结构与经济结构间的关系，才能探讨何种结构为“最优金融结构”。

“经济发展中的最优金融结构假说”首先探讨了各种金融制度安排如大银行、金融市场、中小银行等的特性，再结合融资者的特性进行比照分析。融资者的特性主要从企业规模和企业的风险特征角度来分析。其重点关注的是对一国要素禀赋结构与最优金融结构这两者关系的分析：融资企业盈利能力的高低主要取决于该企业所处的产业选择和企业的技术选择是否符合本国要素禀赋结构所决定的比较优势情况，同时金融企业作为金融服务的供给方，其产品、服务构成受需求方（融资企业）的特性影响，因此各种金融制度的安排构成（金融结构）要符合本国要素禀赋结构，即受要素禀赋结构的影响①。

其影响路径可描述为一国的要素禀赋结构→最优产业结构→优势企业的构成和特性→实体经济对金融服务的需求→最优金融结构。从传导路径可看出，

① 林毅夫，孙希芳，姜烨. 经济发展中的最优金融结构理论初探［J］. 经济研究，2009，44（8）：5.

当一国的要素禀赋结构随着经济的发展而提升时，实体经济的最优产业结构会发生变迁，优势企业的构成、规模和风险特性会相应变化，从而带动最优金融结构发生相应变化。

林毅夫提出的“最优金融结构理论”为本书研究我国经济结构发展下的最优融资模式结构提供了重要的理论基础。在我国当前经济结构发展的背景下，融资模式结构为了适应这种变化，应做出相应的调整才能更好地发挥金融体系对实体经济的支持作用。那么，哪种融资制度安排是适应我国经济结构发展的最优金融制度呢？以何种融资制度为主能更好地支持经济发展呢？一般来说，处于不同发展阶段的经济体具有不同的要素禀赋结构和相应的最优产业结构，因此不存在适用于所有经济发展阶段和所有经济体的最优金融结构，每个经济体在一定发展阶段都有各自的最优金融结构。这种内生的最优金融结构是客观的，也是动态的①。依循此理论逻辑，我国的最优融资模式结构也非一成不变，而应随经济发展阶段的变迁而做出相应改变。因此，在目前我国经济步入工业化中后期阶段，在经济结构的改善成为政府重要经济目标的背景下，研究适于这种转变的最优金融结构显得尤为必要。

在经济的发展过程中，货币资本大都表现为发动整个生产过程的“第一推动力”和“持续推动力”，并对经济发展具有不可替代的发动作用。在经济结构发展的过程中，在政府宏观调控政策的积极引导下，金融体系能利用货币资金的引领作用来推动资源在产业、区域之间合理配置，从而实现期望的产业结构和区域结构的改善。

（2）经济结构与融资模式结构相互协调。

孔祥毅提出“金融协调论”，拓展了对金融发展与经济增长间关系的理论研究，为本书提供了重要的方法论基础。“金融协调论”认为金融的高效健康运行不仅需要金融体系各部分的均衡发展，更需要金融与经济、社会相协调。简述之，金融协调论是基于社会、经济和金融三个相互联系的视角来研究金融发展的，更加强调社会和经济对金融的影响和作用。协调作为一种系统的和动态的发展观，不等同于均衡，它在均衡理论基础上更好地关注了质的方面和动态发展。因此，金融协调不是一种静态的均衡状态，而是一个动态的过程，其中可能同时包含整体均衡与局部不均衡、长期均衡与短期不均衡并存的状况。

金融协调论将经济、社会各要素纳入金融体系中，形成区别于传统金融体

---

① 林毅夫，孙希芳，姜烨．经济发展中的最优金融结构理论初探［J］．经济研究，2009，44（8）：6.

系的广义金融系统。在此系统中，金融与经济、社会各个要素之间存在相互作用与相互联系，要求在研究金融系统时必须从金融经济总体发展的角度出发，通过分解和综合的有机结合，从整体上分析和解决金融系统问题。

金融协调论认为金融结构存在多层次性，微观层次是狭义金融系统内各要素如金融中介、金融市场、金融制度间的比例构成及相互关系，这与传统比较金融学中金融结构的定义是相同的。宏观层次是将经济和社会纳入金融体系中所形成的复合巨系统内各部门的比例构成及相互关系。具体分析金融结构，应充分考量宏观层次下复合巨系统的内部结构，揭示复合巨系统内金融、经济、社会三者间的效应传导机制。

这种宏观、微观双层金融结构的划分，有助于人们深化对金融结构的理解，对理解各经济体间的金融结构差异有较大的帮助。从宏观层次角度看，狭义金融系统对经济、社会的外部性效应不再存在，而是转化为广义金融系统内各要素间的内部影响效应。金融体系的这种内生性决定了最好的金融结构并非一成不变，而是随着经济、社会的发展变化而变迁，是动态的。各经济体的经济、社会背景的不同决定了不存在适用于所有经济体的最优金融结构，因而处于不同发展阶段的一国或一个地区的金融结构不能简单地进行比较，市场型金融结构与银行型金融结构何者更优并非最重要的问题，这与“金融功能观”和“法律观”等理论是相通的。

此外，金融协调论认为，在微观层面上，随着经济、社会等外部环境的改变，原有的融资制度安排会出现不适应、效率降低等不协调问题。在这种情况下，微观层面，狭义金融系统中的各主体在利益最大化的动机驱使下通过金融中介创新、融资方式创新、金融产品创新等手段自发进行调整，能在一定程度上消除不协调问题。但是，微观层面的自发调整在很多情况下不能完全解决金融不协调的核心问题，因为金融不协调更多地反映为微观金融结构与实体经济结构、社会结构的不协调。因此，政府应采用宏观调控的手段和政府主导的方式，从金融、经济、社会这一复合巨系统的外部介入，减轻各种融资制度安排与经济结构间的不适应、不协调问题，实现广义金融体系内的结构合理和关系均衡①。

依循金融协调论的理论逻辑，可以推导出：第一，当前我国经济结构发展进入关键阶段，同时伴随金融体系改革的不断深化，微观层次上的各种融资制度发展不平衡带来宏观层次上融资模式结构与经济结构间的不协调。如何解决

---

① 孔祥毅. 百年金融制度变迁与金融协调 [M]. 北京：中国社会科学出版社，2002：85-90.

这种不协调问题，除了依靠微观层面各金融主体在市场机制下的自发调整，更应该从宏观层面上寻找解决金融、经济不协调问题的最优融资模式结构，并由政府积极引导和主导微观金融制度变革，从而促进我国融资模式结构的优化，实现宏观和微观层面的相互协调。第二，最优融资模式结构的决定不应单纯"从金融论金融"，即不能单纯地比较各种融资模式的特性优劣，应更多地从融资制度与经济社会间的关系是否协调的角度考虑，如果相协调，则相对较优。此外，要从动态发展的视角看待融资模式结构，即不存在适用于所有地区、所有经济发展阶段的绝对最优融资模式结构，而应寻找适合于当前我国经济社会背景的相对最优融资模式结构。

3. 本书对融资模式结构评价标准的界定

基于"金融协调论"和"最优金融结构理论"，结合比较金融学的特性分析法，本书将评价融资模式结构优劣的根本标准定为融资模式结构是否与实体经济结构相适应和协调。需要明确的是本书中这种相适应与协调的表现主体是融资模式结构的特性和实体经济结构的特性，如果两者相互匹配，则此时的融资模式结构为相对最优，反之则非最优。本书这个评价融资模式结构优劣的标准具有以下两个方面的特点：

第一，融合了传统比较金融学的特性分析法。确定何种融资模式结构更优，首先需要探讨当前实体经济结构的特征，再结合对各种融资制度的特性分析，继而确定哪几种融资制度能更好地与实体经济结构的特征相匹配，最终确定何种融资模式结构更优。在此过程中，特性分析是前提，只有把握了各种融资制度的特性，才能清晰掌握整体融资模式结构的金融供给；同样，只有了解了当前实体经济的特性、未来经济发展趋势的特点，才能准确提出实体经济对金融体系的需求。

第二，本书借鉴了"金融协调论"和"最优金融结构理论"的理论逻辑。在分析实体经济结构的特性和各种融资模式的特性后，如何将两者结合起来，连接点在于"金融协调论"与"最适金融结构理论"的核心——协调观和适应论。协调强调互动，适应更多体现追随，但两种理论均认为不应单从金融论金融，而应从实体经济结构的大背景出发比较融资模式结构。本书的界定标准正是建立在协调观和适应论的基础上的，沿用了其理论逻辑。

因此，本书对评判融资模式结构优劣的标准的界定是三种理论的综合，全书整体的研究方法和逻辑思路与此三种理论紧密相关。

二、关于经济结构发展的维度界定

"维度"一词最早起源于物理学领域，指独立的时空坐标的数目；其后逐渐演化成一种视角的概念，指学术研究中判断、说明、评价和确定一个事物的多方位、多角度、多层次的条件和概念。在研究一个事物时从多个维度出发，有助于更全面地分析研究对象，得出更客观的研究结论。

经济结构发展是一国经济发展的重要方面。在一个经济体的经济增长过程中，经济结构能否调整与优化是决定该经济体未来经济增长能否持续的关键，也是评价一国或地区经济发展质量的重要标准。由于经济结构是一个宽泛的概念，包括生产结构、产业结构、区域结构、技术结构等，因而经济结构发展也相应具有诸多维度，如生产结构优化、产业结构升级、区域结构改善、技术结构提升等。确定合理的维度是研究最优融资模式结构的重要前提，这是因为不同维度代表的实体经济的特性大不相同。本书选取了两个维度：一是产业结构调整维度，二是生产结构调整维度。

（一）产业结构中新兴产业与传统产业间的比例关系调整

1. 以产业结构中新兴产业与传统产业间的比例关系为研究对象的原因

通常，经济学家根据各产业所使用技术的先进性将各产业划分为新兴产业与传统产业，新兴产业的主导技术是先进技术，而传统产业则相反，主导技术多为传统技术类。新兴产业与传统产业在经济体中所占比重及两者间的相互关系构成产业结构的重要内容。一般来说，在发达经济体的产业结构中，新兴产业占比较高，传统产业占比较低。在发展中国家的产业结构中，传统产业占比较高，新兴产业占比较低。其中也存在一个规律：随着经济发展水平的提高，传统产业占比不断下降，新兴产业占比不断上升。

熊彼特的“创新论”最早提出，在经济生产的各要素（如劳动、土地、资本、技术等）中，技术充当着重要甚至首要的角色。根据柯布-道格拉斯生产函数，在同样的资本和劳动要素投入量下，一国综合技术水平的提升能促进产出的增加，提高经济总量。并且，这种由技术提升引致的经济增长，不同于传统的由要素投入量增加引致的经济增长，它不依赖要素投入量的增加，是一种内涵型增长，因而更具有持续性和优质性。因此，可以预见，随着我国劳动力红利的逐渐消失、资源的逐渐消耗和环境的逐渐恶化，粗放型经济发展方式将难以持续，依靠技术创新实现的内生型经济增长愈加重要。转变经济发展方式成为摆在我国面前的重大现实问题。

2. 产业结构调整维度的界定

产业结构调整维度是指在我国未来一段时期的经济发展过程中，新兴产业的比重将不断上升，传统产业的比重将不断下降，两者构成的产业结构将升级优化，这成为我国经济结构发展的核心内容。

（二）生产结构中短缺部门与过剩部门间的比例关系调整

1. 选取生产结构中短缺部门与过剩部门间的比例关系为研究对象的原因

在生产函数中，除了技术因素起重要作用外，要素投入量也是决定产出的重要因素。要素在不同产业、地区的配置效率直接影响整个经济体的社会总产出水平。在市场机制的作用下，要素会自动流向最具有生产效率的优势行业和地区，实现资源的自动最优配置。但在很多情况下，市场机制总是会出现失灵，即出现市场机制的不作为或过度作为的情况，特别是在我国尚处于由计划经济向市场经济转轨的背景下。一方面，行政干预、体制障碍、地方保护主义还存在，导致商品成本或利润价格的传递路径容易出现扭曲，进而影响个体经济市场决策，市场机制中价格对要素配置的决定作用不能自动完全发挥；另一方面，在很多部门领域（比如公共产品部门）中，受“产品的非排他性”“搭便车”“自然垄断”等因素影响，市场机制的利润最大化导致生产要素难以流动到这些部门，此类部门的产品生产短缺。综合两个方面来看，市场失灵必然导致部分部门和区域的要素投入量过多，重复生产的现象严重，产能过剩，而另外一些部门则由于生产要素投入不足导致产出短缺，生产结构存在不均衡，继而不利于整体经济的均衡、协调发展。

联系我国当前整体经济情况看，我国存在钢铁、水泥、平板玻璃、煤化工、多晶硅和风电设备六大产能过剩行业，为了控制这些部门的过剩产能，政府各部门只能采取行政审批手段来限制。同时，燃气、暖气、水、电、高速铁路等基础设施部门的产品供给短缺现象却依然存在，特别是在农村，用于改善农村基础设施和农业生产条件的投入严重不足。虽然我国一再加大农业基建投资，但农业基建投资占我国基建投资的比重并没有相应提高，与农业发展的需求已不相适应，严重制约了农村基础设施的建设步伐，成为农业和农村经济发展的瓶颈。同时，农村基础设施建设步伐的滞后反过来又限制了农村消费需求的增长，比如农村电网网架结构薄弱、供电设备老旧限制了家电商品在农村的推广。

短缺部门的发展水平与居民的生产生活水平紧密相关，公共产品的短缺与我国当前经济高质量发展的背景相背离，也不利于提升我国居民的民生状况和调节居民收入差距。通常，在经济学看来，公共产品的短缺是市场机制作用的必然结果，因为资本的逐利效应会带动各要素资源向高利润部门流动，而公共产品部门、农业部门由于其固有的弱质性导致部门的平均利润水平偏低，因此市场机制作用下要素资源很难均衡分配到这些部门，要素投入的不足必然带来产出水平的不足，短缺自然会产生。

传统观点认为，解决此问题的方法通常是政府采用财政投入、补贴、转移支付等财政手段来弥补这些短缺部门的要素投入不足。但实际上，这些部门的发展同样可以通过金融手段来刺激，其中金融体系的融资功能可起到重要作用。具体的金融制度安排可以包括政策性金融和合作性金融等。政策性金融是市场机制与政府调控的有机结合。合理发展政策性金融，充分发挥政策性金融的引导性、开发性功能，可以调节资源要素向短缺部门流动，促进短缺部门发展。合作性金融有别于商业性金融，并非追求利润最大化，而注重合作主体间的互助福利，合作性金融能发挥其集少量分散性资金为大额资金的特性，为特殊区域的短缺部门提供资金支持。在我国当前的金融体系中，政策性金融占比较低，且有逐年下降的趋势，而在合作性金融方面，随着农村信用社的改制，其基本转变为商业性组织，合作性质消失殆尽。在我国政府注重民生改善、加快短缺部门发展的背景下，短缺部门与过剩部门间的结构改善需要金融体系的适应性变化，金融体系的融资模式结构应有适应性、协调性的变化。因此，本书选择短缺部门与过剩部门间的生产结构调整作为研究我国最优融资模式结构的核心维度之一。

2. 生产结构调整维度的界定

生产结构调整维度是指在我国未来的经济发展过程中，短缺部门发展的重要性将不断被提升，过剩部门的要素投入将有所控制，两者构成的生产结构将调整优化，这是未来一段时期我国经济结构发展的核心内容。

第二节　产业结构调整维度下的最优融资模式结构研究

一、各种融资制度的特性对比

（一）股权融资和债券融资的特性

1. 股权融资的特性

股权融资是指企业股东愿意出让部分企业所有权，通过增资方式引进新股东的融资制度安排。股权融资所获得的资金，企业不用还本付息，但新股东将与老股东同样分享企业的盈利与增长。作为现代金融体系中直接金融安排的主要形式，股权融资能使企业在短时间内筹集大量资金用于扩大投资提高经营规模，也能使投资者成为企业的所有者并按其股权比例分享企业的利润。

在股权融资中，企业作为资金需求者发行股票直接向资金供给者募集资金，资金供给者即投资者成为企业的股东，但其投资回报是不固定的，其投资回报取决于企业的盈利前景、成长性和利润分配机制，而企业的盈利前景和成长性并不确定。当企业破产时，股东只有在企业偿还各种债务后才能要求分配剩余的资产。从这个意义上讲，资金供给者投资股票的收益不确定，但却需要承担相当大的风险。因此，资金供给者只有在预期投资回报率足够高时，才愿意进行股权投资。同时，股权融资的内在风险分散机制能将企业的融资总额度划分成众多小额的股票份额，从而将风险广泛分散于众多的投资者中。同样，资金供给者也可以选择多样化的投资组合，以降低其投资风险。

由于股权融资所获得的资金不需要固定地还本付息，因此不会对融资企业构成较大的财务压力，即便短期内企业财务状况不佳，现金流不足，也不会面临被投资者要求破产的危险。

2. 债券融资的特性

与股权融资相同，债券融资也是企业直接融资的重要渠道。债券融资是指在证券市场上，资金需求方通过向资金供给者发行债券的方式筹集资金，融资企业需要固定地向资金供给者派发利息，债券到期后融资企业需偿还本金。债券融资可以在不分散控股股东控制权的前提下筹集资金，扩大经营规模；并且，相较于股权融资，债券融资要求融资企业的信息披露内容相对简单，信息披露费用相对较少。通常，在国际上的成熟的资本市场上，债券融资往往更受企业的青睐，企业的债券融资额一般是股权融资的 3~10 倍。之所以会出现这种现象，是因为企业债券融资同股权融资相比，在财务上具有许多优势。其主要体现在三个方面：第一，债券融资的税盾作用；第二，债券融资的财务杠杆作用；第三，债券融资的资本结构优化作用。

（二）大银行融资和中小银行融资的特性

1. 银行融资的普遍特性

银行作为金融中介以存款方式向资金供给者筹集资金，再将筹到的资金贷放给融资企业，从而实现储蓄的动员和配置，实现一个经济体中储蓄向投资的转化。在此过程中，银行必须按期向储户还本付息，同时银行对贷款企业也要求到期还本付息，银行在其中获得存款与贷款间的净利差收益。在这种融资制度下，储户与贷款企业并未直接产生投融资关系，而是以银行为中介完成资金转移。通常，企业向银行贷款的利息成本低于股票融资的资金成本。

但是，企业向银行贷款必须到期还本付息，否则可能被迫破产，因此企业采用银行融资面临的财务风险较大。

风险管理方面，在存款保险制度普遍建立的情况下，储户存款损失的可能性微乎其微。因此，从这个角度上说，银行将储户直接投资面临的风险转移给了自身。也正是因为储户面临的风险较低，储蓄利率通常会低于股票的平均投资回报率。银行主要通过两个风险管理机制来降低流动性风险和投资风险：一方面，通过汇集储蓄并依据大数法则对不同类型的投资者进行流动性转换，即将吸收的储蓄的一部分作为准备金或投资于短期证券以满足部分消费者的流动性需要，而将其余部分用于企业的中长期贷款，从而实现投融资者的流动性保险与银行资产负债期限的转换；另一方面，银行能够通过投资组合的分散化来降低银行整体资产的投资风险。但总体而言，由于银行是通过资产与负债的期限和风险转换来平滑风险的，其分散风险的能力有限，因此银行在信贷方面的风险态度趋于谨慎，投资风险较高的项目很难获得银行贷款。

信息获取及处理方面，银行融资具有一定优势。一是信息生产的规模经济。相比于市场融资中投资者会对融资企业进行重复性的信息收集与处理，银行作为专业化的金融中介，可以通过贷前调查、贷中审查等手段集中获取融资企业的相关信息，实现规模经济，降低信息成本。二是信息生产的垄断性。因为银行在做出贷款决策时不需要将信息披露给市场，从而避免了“搭便车”问题[①]。此外，对于融资企业来说，向银行等金融机构融资不需要向社会公开企业信息，交易的直接对象只是一家或几家银行，面对的对象相对于股权融资要少得多，信息披露的费用与难度也大大降低。

在公司治理方面，相比于直接融资中数量众多且分散的投资者，银行作为专业中介拥有更强的谈判力量，在对融资者进行事先筛选和事后监督等方面拥有优势。银行中介不仅可以通过签订金融契约中的有利条款来保护投资权益，而且能够随时对融资企业进行监督，从而能够更有效地实施相应的控制权，当然，这也可能出现对借款企业经营行为的不利影响。比如，融资企业的贷款申请会受到银行的筛选，贷款的使用与偿还会受到银行的监督，因此对借款者具有信息优势、控制优势的银行可能借此而具备一定的垄断力，对借款企业的经营行为和利润流产生过度的控制，从而对借款企业产生负面激励。

2. 大银行和中小银行融资特性的差别

从理论上分析，大银行与中小银行融资特性的差别主要有三个方面。

（1）两者所服务的融资对象有差异。

尽管大银行和中小银行都是作为金融中介通过储蓄的动员和配置为企业提供融资服务的，但大量的实证研究表明，银行业存在一种基于规模的专业化分

---

① RAJAN R G. Insiders and outsiders：the choice between informed and arm's length debt ［J］. Journal of finance，1992，47（4）：1367-1440.

工，即大银行主要向大企业提供贷款，而中小银行主要给中小企业提供贷款。

（2）两者处理信息的方式有差异。

首先，大银行与中小银行内部的信息传递渠道存在显著差异。一般来说，银行内部具有复杂的委托代理关系，所有者和管理者之间、高层管理者与基层职员之间都存在委托代理关系，在信息收集过程中这些委托代理关系就体现为信息传递链条。大银行管理层级众多，组织结构复杂，带来的问题就是信息传递链条很长，基层信贷员获取的信息需要经过多个层级传递才能到达信贷审查层；中小银行则相反，信息传递链条较短，甚至在某些情况下信息收集者就是信贷决策的制定人。其次，大银行与中小银行所依赖的信息种类存在差别。银行信贷决策所依赖的信息通常可以分为两类："硬"信息，即企业财务报表等客观的，且易于观察、传递和验证的信息；"软"信息，即关于企业家的经营能力、个人品质、企业所在的市场环境等因素的信息，这些"软"信息往往只能通过贷款者与借款者的密切接触、保持长期或广泛的业务关系来获取，难以向其他人传递，难以由信息收集者之外的人予以验证。

通常，大企业具有较好的"硬"信息，中小企业则更多拥有"软"信息。在大银行中，信息传递链条长决定了"软"信息的收集者难以向银行的贷款决策者传递自己的信息，因而大银行的职员收集客户"软"信息的激励较弱，转而寻求收集"硬"信息。在中小银行中，银行内部的信息传递链条很短，信息收集者收集潜在借款者"软"信息的努力易于得到回报，因此更愿意去收集"软"信息。

（3）两者管理风险的能力有差异。

相比于中小银行，大银行在管理风险上具有先天性优势。比如，其具有的庞大资产规模确保了银行资产标的可以实现分散化；其业务种类的全面性降低了银行对单一业务的依赖性，业务结构的集中度降低；其经营区域的范围大在一定程度上使得银行经营规避了区域经济发展的不确定性；其品牌优势和知名度固化了储户对其的信赖，防范了声誉风险。此外，大银行完善的组织架构、良好的公司治理机制、充裕的人才储备对管理操作性风险提供了重要支持。中小银行在这些方面与大银行存在重大差距，在风险管理方面就体现为风险控制和管理能力不如大银行。因此，在面对部分高风险融资企业时，大银行、中小银行的风险承受力是不同的。

（三）风险投资基金的特性

最后讨论风险投资基金的特性。风险投资基金又叫创业基金，是当今世界上广泛流行的一种新型投融资机构。它以一定的契约吸收机构和个人的资金，并投向新兴产业中那些不具备上市资格的中小企业，尤其是高新技术企业。风险投资基金以入股形式参与目标企业的融资，其目的是帮助所投资的企业尽快成熟，取得上市资格，从而使其资本增值，继而退出。对于融资企业而言，通过风险投资基金融资不仅没有债务负担，还可借助风险投资基金的专家建议及管理经验，降低经营风险，提高管理水平。由于融资企业不需向投资基金支付利息，财务压力相较于其他融资方式小很多；并且因为风险投资基金的主要投资方向是高新技术行业，所以在一般融资渠道很难获得资金支持的风险较高的项目也有很大可能通过风险投资基金取得资金。一般来说，风险投资基金直接参与被投资企业的经营管理，因此投资者与经营者之间的信息不对称问题较小，融资企业不需要向社会公开披露信息，信息成本相对较低。但风险投资基金也可能对融资企业的经营行为、利润分配和管理模式产生过度干预，使融资企业的自主权和独立性被大大削弱。

风险投资基金是一种集融资与投资于一身，并参与所投资企业经营管理的新型金融模式，这就决定了它具有一些区别于传统融资模式的独特功能。第一，风险投资基金的风险偏好与银行显著不同，它偏好风险项目，不太强调企业的现金流和短期偿还能力，注重的是企业的经营团队、核心技术和总的未来市场空间。第二，风险投资基金的风险投资家通常不满足于普通财务投资者的角色，而是深度参与新兴技术企业的公司运作，包括其日常经营、管理者的选择等，以便能掌握公司的即时信息和经营指导权，克服信息不对称问题。第三，风险投资基金普遍采用有限合伙制，特点是公司相对于外部资金提供者是有限责任，对合伙人（通常为风险投资家）是无限责任。有限责任使外部投资者承担较低的风险，也有利于其股权转让和保持流动性；无限责任制，强化了风险投资家的自我监督和相互监督，弱化了对外部监督的需求。第四，风险投资契约是一种连续的状态依赖合同。通常风险投资基金对融资企业的资本投入普遍采用可转换债券的形式，因此在融资企业的创业初期，经营风险较高时，投资基金依据债权享有更大的现金要求权；随着融资企业经营规模的扩大和经营风险的降低，风险投资基金根据事先的合同约定，逐步将债权转化为股权，从而获得更多的企业控制权。因此，风险投资契约的显著特点是风险与收益的对称性，即通过参与企业的治理结构，持续将公司控制权、清算权、现金要求权与企业的经营状况相结合，以有效控制风险①。

---

① 孙伍琴. 不同金融结构下的金融功能比较［M］. 北京：中国统计出版社，2003：184-185.

（四）四种融资制度安排的特性对比

以上四种融资制度安排的特性对比如表 3-2 所示。

表 3-2 四种融资制度安排的特性对比

融资制度安排	优点	缺点
股权融资	不用支付利息；风险较高的新技术项目容易获得所需资金；融资企业无被投资者要求破产的危险	存在信息不对称问题且较严重，交易成本高；不适合资金需求规模小的企业融资；易分散控制权
债券融资	不分散控制权，信息披露费用相对较少；具有税盾、财务杠杆、资本结构优化等作用	必须按期足额偿还本息，财务压力大；有被投资者要求破产的危险；高风险项目、中小企业融资很难获得投资者认同
银行	信息不对称问题相对较小，融资交易费用较低；信息获取和生产具有规模效应和垄断性；利息成本相对低于股票融资的资金成本；银行作为专业中介对融资企业拥有较强的谈判力量和控制权	银行分散风险能力有限，风险态度趋于谨慎，投资风险较高的项目很难获得银行贷款；银行内部存在复杂的委托代理关系；银行对借款企业可能有过度控制行为
风险投资基金	融资企业没有财务负担；企业可获得专家建议和管理经验；信息不对称问题几乎没有，信息成本较低；高风险、高成长性项目容易获得资金支持；有限合伙制强化了风险投资家的自我监督和相互监督；状态依赖合同确保了资源的利用效率	风险投资基金可能对融资企业的经营行为、利润分配和管理模式产生过度干预，使融资企业的自主权和独立性将被大大削弱

二、各融资制度与新兴产业融资需求特性的协调性分析

经济学中，“协调”既可以视为在各种经济力共同作用下经济系统的均衡状态，也可以视为经济系统在各种经济力的共同作用下，趋向均衡的过程。系统科学中，协调是为实现系统总体演进的目标，两种或两种以上相互关联的系统或系统要素之间相互协作、配合得当、互为促进的一种良性循环态势及其控制过程。具体到融资制度与新兴产业融资需求的协调，现简要分析如下：

（一）股权融资与新兴产业融资特性的协调性分析

综合来看，股票市场的股权融资是为新兴产业提供融资支持的良好模式，但仅仅依靠主板和中小板市场，能够容纳的企业数量有限，提供的融资支持有限，还需要完善多层次的股票市场体系，构建具有较高流动性和市场活力的创

业板市场、代办股份转让市场、场外交易市场，才更能满足新兴产业的融资需求。

（二）债券融资与新兴产业融资特性的协调性分析

债券融资具有税盾、财务杠杆、资本结构优化的优点；同时相较于股权融资，债券融资要求融资企业披露的信息相对简单，信息披露费用相对较少，这有助于降低融资企业的融资成本。

但是债券融资要求融资企业必须定期支付利息费用，到期后要足额偿还本金，这就要求融资方具有稳定的现金流状况来保证利息的按期足额偿还，这样的要求对于尚处于产业生命周期前期、需要高投入而低产出的新兴产业企业来说很难满足。此外，投资者一般要求债券融资企业的资信状况较好，企业经营效益稳定，而新兴产业企业多数是中小企业，经营风险较高，财务报表等规范式信息不完全，信用评级相对传统大企业来说偏低，不符合债券投资者追求稳定收益的诉求。还有，新兴产业的高技术创新、产品创新风险，对于风险偏好水平较低的债券投资者来说很难接受，即便部分债券投资者愿意投资这些新兴产业企业发行的高风险债券，也必然要求很高的利率回报作为风险补偿，这就会大幅增加企业的融资成本，不符合新兴产业企业融资规模偏小的特性。因此综合来看，债券融资模式与新兴产业企业的融资需求特点很难协调，债券融资并非最优的融资制度安排。

（三）大银行融资与新兴产业融资特性的协调性分析

首先，银行为企业提供信贷时要求融资企业具有稳定的现金流来保证其按期足额地还本付息。这与新兴产业处于投入大、产出小、现金收入不稳定的生命周期阶段的特点是不吻合的，此类企业贷款相对较难。其次，银行是经营风险的特殊企业，具有很强的风险偏好谨慎的特点。新兴产业企业具有较高的创新风险和经营风险，能够提供的担保条件又比较弱，银行不愿对其提供信贷，这种倾向在大银行身上表现得更为突出。再次，实证经验表明，绝大多数大银行主要为大企业提供融资服务，小微企业贷款占比极小。新兴产业企业多数处于起步阶段，经营规模很小，不是大银行所青睐的目标客户，融资难度较大。最后，从信息筛选角度来看，大银行融资也与新兴产业企业的特点不协调，大银行偏向于收集“硬”信息，即企业财务报表等客观的且易于观察、传递和验证的信息，而这类信息是新兴产业企业最缺乏的，即便有，其内容也不具有竞争力。因此，大银行融资很难满足新兴产业企业的融资需求，并非较优的融资制度安排。

（四）小银行融资与新兴产业融资特性的协调性分析

相比于大银行，小银行的资本金和资产总额要小得多。受资本金约束，小银行能为单一客户提供的信贷额度较小，在与大企业议价时不具有主动权，利率水平偏低，因而小银行更愿意为中小企业提供金融服务。新兴产业的企业多数为中小企业，符合小银行的目标客户定位。此外，小银行在信息收集和信息传递机制方面也与大银行有较大差别，小银行更偏向于收集“软”信息，即企业家的经营能力、个人品质、企业核心技术等相关信息，这些信息的收集筛选需要建立在银行与客户间长期了解的基础上。新兴产业企业能提供的信息多数是“软”信息，其最具核心竞争力的技术创新信息也更多具有“软”信息的特质，因此双方在信息收集方面的特性也能吻合。在利率市场化和我国尚处于资本短缺阶段的大背景下，小银行为增强自身的核心竞争力，更多地谋求建立差异化和特色化的发展模式，因而在信贷行业选择上，一方面巩固传统行业授信，另一方面加大对新兴产业的支持力度。新兴产业企业的高成长性、高利润性能为小银行的信贷业务带来更大的利润回报。

综合来看，小银行融资模式是与新兴产业企业融资规模小、风险相对高、“硬”信息不完全等特点相协调的，是相对较优的融资制度安排。

（五）风险投资基金与新兴产业融资特性的协调性分析

风险投资基金被看作金融中介与金融市场两种融资模式的完美结合体。它在融资企业发展初期以入股形式投入资金，为目标企业提供资金支持。同时，风险投资家还进入融资企业的管理层，参与公司经营决策，指导公司快速发展。由于风险投资基金采取股份投资形式，因而不对融资企业构成财务压力，符合新兴产业企业普遍现金流不稳定、盈利模式未完全成熟的特点。风险投资基金的专家建议及管理经验，有助于快速提升融资企业的经营管理水平，帮助融资企业快速成熟，走上正轨。这与新兴产业企业多数处于产业生命周期前期、多数比较小、管理机制未健全的特点相协调。

此外，由于新兴产业企业主要依赖内生或外生的技术创新和产品创新而生存发展，而技术创新和产品创新的很多信息专业性很强，企业内部人对这些信息掌握得比较多，而外部人掌握得少，构成信息不对称。这种信息不对称造成投资方选择不予投资，或者增加信息披露成本。风险投资基金这种融资模式有助于解决这个问题，因为风险投资家直接参与公司经营，对企业内部信息的获取很方便，这能有效缓解信息不对称问题。

风险方面，新兴产业企业的创新风险和经营风险比传统产业企业高很多，一般的融资模式如大银行、债券融资都由于风险偏好谨慎而不愿提供大量资金，这也是金融体系很难为具有高风险性的经营主体提供金融支持的核心原因。风险投资基金有别于一般性的融资模式，它偏好风险项目，不强调企业的偿还能力，注重的是企业的3T，即团队（team）、技术（technology）和总的潜在市场（total available market），高风险、高成长性项目容易获得其支持。因此，风险投资基金与新兴产业企业的高风险性融资特点相协调。结合以上几个方面来看，风险投资基金是为新兴产业企业提供融资支持的合适的融资制度安排。

三、适合于新兴产业发展的最优融资模式结构

综合分析各种金融制度安排的特性和新兴产业的企业融资需求具有的初期融资意愿强、融资项目风险高、信息不对称程度高、融资规模小等特点，可以得出这样的结论：适合于为新兴产业提供资金支持的融资制度安排应有别于传统的股权融资、债券融资和大银行信贷方式，而应偏向于中小银行信贷、风险投资基金等金融制度安排；同时要在股票主板交易市场的基础上发展多层次的金融市场体系，建立类似于美国纳斯达克市场的为新兴产业企业服务的证券交易市场及场外交易市场。

具体到各种融资模式如何为新兴产业提供资金支持，促进其发展，本书试展开以下探讨：

第一，在新兴产业发展初期，风险投资基金能较好地提供资金支持。风险投资相较于传统的金融制度安排，最大的优势即在于其拥有一大批熟悉产业发展前景、能较好识别新兴技术的专家团队，这就显著降低了融资企业与投资方的信息不对称程度。因此，具有良好技术、市场前景的项目即便具有较高风险也能获得风险投资基金的资金支持，从而能在企业发展初期摆脱资金瓶颈，迅速成长。另外，风险投资基金通过建立对象分散化、期限多元化的投资组合实现投资风险的分散，降低非系统性风险，保证风险投资基金能切实为新兴产业发展提供支持。

第二，在新兴产业发展中期，中小银行很可能会率先识别优势企业，多种类融资模式得以实现。在新兴产业发展中期，新兴市场初具规模，但模仿型企业迅速进入，企业同质性明显，而风险投资基金此时多已通过退出机制退出，因此这个阶段高科技企业的进一步发展严重依赖银行信贷，中小银行是较好的资金供给者，能率先识别优势企业。中小银行作为专业化的金融中介，可以借助收集潜在借款者的“软”信息或者通过与风险投资基金的信息共享机制识别新兴市场中的优势企业，为真正掌握核心技术的企业提供资金支持，帮助其快速成长为该市场领域的领军企业，鼓励其采用兼并、重组等方式加快发展，实现市场集中度的提高和市场领域的开拓，降低“重复建设”的负面影响。需要指出的是，当新兴产业市场逐渐成熟，新兴产业企业普遍成长为中型企业

后，大银行依托于其资金规模优势，在降低信息收集成本和信贷风险后也能较好地提供资金支持。此外，进入股票市场、债券市场融资也逐渐成为部分优质新兴产业企业的较佳选择。因此在这一阶段，新兴产业的融资模式存在扩大化趋势，形成多种类的融资模式需求。

第三，多层次的股票市场体系为新兴产业发展提供流动性。建立多层次的股票市场体系可以为在主板市场上难以获得融资的中小企业提供新的融资渠道，同时也为风险投资基金的顺畅退出提供保障。从这个意义上说，股票交易多层次市场的建立对于深化整个金融体系的投融资功能有重要作用。而且类似于场外市场和产权交易市场等新兴金融市场的建立能提升中小企业的股权价值，有利于实现优质企业对劣质企业的兼并重组和整合。

第三节　生产结构调整维度下的最优融资模式结构研究

一、政策性银行支持短缺部门发展的效应分析

通过政策性银行、商业性银行特性的对比，本书发现：短缺部门融资具有资金大、期限长、风险高、成本高、经济效益相对低、社会效益高的特性。商业性银行的核心经营原则就是“收益性、安全性、流动性”，力求在这“三性”中寻求平衡点，因此在融资项目选择上必然要求收益高、风险低、流动性强，这与短缺部门的融资特性存在诸多相互冲突的地方，两者很难协调。因此，不管是在国内还是在国外，众多经验均表明商业性银行很难为短缺部门的发展提供融资支持，这就需要其他融资模式给予补充。其中，政策性银行就是与短缺部门发展最为协调的融资制度安排。下文具体分析政策性银行对短缺部门发展的支持效应。

（一）部门促进效应

短缺部门作为基础性部门和弱势部门，是特殊的产业部门。政策性银行恰恰是为特定的领域或产业提供金融支持的金融机构，因此政策性银行的发展能为短缺部门的发展提供资金动力，能起到促进效应，具体表现在以下两点：

1. 政策性银行的补充效应能克服市场失灵

在市场经济中，市场是资源配置的基础方式，但市场机制会因短缺部门的固有弱质性而无法达到有效均衡，即产生供给不足。另外，在短缺部门中，市场失灵还显示在市场对短缺部门投资的不选择和滞后选择上。所谓不选择，是指在某一些领域，由于风险与收益不配比（主要指风险大收益低），市场不选

择其予以投资。滞后选择则是指某些领域由于初期进入的成本很高，一般商业性金融难以负担或者后期收益难以弥补初期投入，商业性金融不会进入，但如果条件成熟，收益水平提高，商业性金融就愿意进入①。政策性金融能为短缺部门提供优惠利率、风险担保、长期大额贷款等金融服务，增加短缺部门的投资存量，降低信贷缺口。这能在一定程度上克服市场失灵，促进短缺部门生产规模的扩大，继而改善该部门产品供需不平衡的状况。

2. 政策性银行对短缺部门发展有引导效应

针对短缺部门投资的滞后选择，政策性金融可通过先期支持某些对整体国民经济具有重大意义的短缺部门，向商业性金融机构传递出政策信号，提高商业性金融的预期收益水平，降低滞后选择的负面影响，引导商业性金融、民间资金跟进投资，这就是引导效应。此种引导效应表面反映为政策性银行的先期资金进入短缺部门提高了该部门的发展水平，吸引后续资金跟进，其实质是提供了对某个短缺部门的长期金融支持，解决了短缺部门仅依靠信贷资金难以持续投入的难题，有助于短缺部门在较长时间内的持久发展。例如，国家开发银行对城市融资平台提供城市建设专项贷款，使城市建设有了先期资金投入，提高了该平台的收益预期，带动了商业性金融机构的积极跟进，实现了该部门投资规模的持续扩大。

需指出的是，一般来说这两种效应是交织在一起的，即政策性金融在为短缺部门的发展发挥补充效应的同时，很大程度上也是在发挥引导效应，如政策性金融机构在为短缺部门如中小企业提供专项贷款时，也一定程度上提高了其收益水平，促使商业性金融降低风险预期，主动进入该部门。

（二）生产结构优化效应

政策性金融对短缺部门提供金融支持，不仅能促进该短缺部门的发展，而且能通过该部门的发展传导至其他部门，从而带动整体经济的发展和生产结构的优化。短缺部门作为整体生产结构中的具体部门，与整体生产结构有着非常紧密的联系，当政策性金融对某个短缺部门产生促进效应后，此局部效应将扩展为整体效应。因为整体是由局部构成的，局部的增长和优化也必然带来整体的增长和优化②。例如，中国进出口银行对大型机电成套设备进出口部门提供的买方信贷、卖方信贷、贴息出口信用担保等金融服务，直接促进了大型机电

---

① 白钦先，谭庆华. 政策性金融功能研究：兼论中国政策性金融发展［M］. 北京：中国金融出版社，2008：226.

② 白钦先，谭庆华. 政策性金融功能研究：兼论中国政策性金融发展［M］. 北京：中国金融出版社，2008：152.

成套设备的进出口，这属于部门促进效应；但同时，机电成套设备出口的增加拉动了上游产业的发展，而优质机电成套设备进口的增加促进了下游部门生产效率的提高，从而改善了与之相关的产业的发展和生产结构的优化。

（三）社会稳定效应

短缺部门中除了小部分垄断优势企业，绝大多数企业提供的产品利润微薄，整体收益有限，但产品对民生、社会稳定和整体福利有重大影响。例如，农村公路、水电等公共设施的投资收益甚微，但其带来的社会效益却不可估量。因此，政策性金融为短缺部门提供的金融支持既可以带动该产业的发展，提高该产业相关者的收入水平，又可以促进居民收入结构均衡，实现社会稳定和整体福利的改善。例如，中国农业发展银行和国家开发银行承担的农村建设贷款有助于拉动相关区域的经济增长，提高当地农民的生活水平，缩小城乡收入差距，同时公共设施的改造建设使农民的生活质量显著提升，社会福利总水平得到提高。

二、合作金融与短缺部门发展的协调性分析

（一）合作金融的定义及特征

合作金融是与政策性金融、商业性金融相补充、相区别的间接融资制度安排。通常来说，合作金融被界定为按照规范的合作制原则建立起来的资金互助组织。根据我国相关规定，合作金融组织可定义为“由社员入股组成、实行社员民主管理、主要为社员提供金融服务”的组织。在国内外，通常都将合作金融的基本原则归纳为四个方面：自愿性、互助共济性、民主管理性和非营利性。

自愿性原则一方面是指构成合作金融的参与主体是自愿加入的，而非行政外力强制参与的。另一方面，自愿性原则还体现在“自由退出”上，即参与合作金融机构的成员可以自由退出组织，一般不受组织约束。互助共济性原则是指合作社成员组成组织的根本目标是互助共济，即通过积聚单个社员的小额入股资金，贷放给急需资金的社员，实现社员间互助。由于在合作金融组织中，社员之间地位平等，因此每个社员获得资金支持的可能性是相同的，从而使社员（中小经济个体）实现了以利他（互助）换取利己（融资），这种互助共济性是合作金融区别于商业性金融、政策性金融的重要特征。民主管理性原则是指合作金融机构的经营由成员按“一人一票制”投票决定，而非通常竞争性机构那样按股份投票制决定，因此普通社员可以公平参与合作金融组织的管理甚至决策。当然民主管理性原则要求合作组织内部具有相当的透明性，否

则人人参与、民主管理将成为空话，内部人控制和外部人干预将不可避免。非营利性原则是指合作金融组织服务的对象应主要是“社员”，且不是以获取存贷利差为主要目标，而是定位于服务社员，以尽可能满足社员的资金需求为目标。

（二）合作金融的产生根源和成立基础

合作金融产生的根源在于商业性金融出于营利性和风险考虑而做出的信贷对象选择致使部分弱势群体被排挤出信贷市场，如农户无法提供银行信贷要求的必要抵押品，纯信用贷款又因无固定收入证明、规模偏小等而更难获得，其资金需求难以满足。再如，中小企业因贷款规模偏小、风险水平偏高而被银行排斥，即使商业银行愿意提供信贷资金，中小机构也往往需要提供更多的信息，需要经历更长的审批时间和程序，交易成本很高。在此背景下，弱势群体愿意组成合作性组织，其核心目的并不是想取得合作金融组织利润的分红，而是要获得融资的可能性与便利性，以降低融资成本。

合作金融区别于政策性金融和商业性金融的特征之一就是合作金融提供了一种介于公共品和私人品之间的准公共品。首先，在组织成员间，金融服务具有非排他性，只要是社员，就有权利获得附带各种优惠条件的金融服务，不像商业性金融那样对所有客户进行严格筛选，依据客户条件差别定价，提供差异产品。当然，合作制建立于一定的基础之上，比如社员之间的“信用”，社员必须严格遵守资金的还本付息，一旦有部分社员违约，将会引发连锁反应，组织将难以持续。这就要求合作成员所在地域比较接近、相互比较了解、彼此之间信息比较透明，社员之间联系紧密，从而强化社员之间的隐性担保和信誉意识，约束社员的信用违约行为，降低道德风险。其次，合作金融的资金来源必须局限于具有信任关系的社员主体之间，信贷投放对象也应局限于社员范围内，否则将演化成商业性金融机构，且缺乏信贷方对融资人的有效约束关系，信贷对象选择标准将回归融资人的担保条件、资信状况、财务状况等要素，社员的信贷可得性难以保证，合作性金融组织的核心目标——社员融资的满足度难以达到。最后，合作金融应建立于低调查、低交易和低监督成本的基础上，这就要求合作组织成员分布于较小的管理半径内，且相互之间较为熟悉，关系较为紧密，能够解决小额信贷过程中非常突出的逆向选择和道德风险问题。

（三）合作金融与短缺部门融资特性的协调性分析

第一，从目前我国合作金融的现实来看，剩下的农村信用合作社大多仅仅挂有合作金融之名，却无合作金融之实。原因是经典合作金融的四大基本原则——自愿性、互助共济性、民主管理性、非营利性在当前我国农村信用合作社的制度中难以体现出来，有的甚至是背道而驰。比如自愿性原则，中华人民共和国成立以来，农村信用合作社的改革变迁几乎都是行政指令强制推动的，而非社员民主决策、自愿实施的；再如民主管理性，普通社员难以进入合作社的经营决策中，信用社的内部经营和财务状况透明度严重缺乏，内部人（信用社主任）控制和外部人（地方政府）干预状况严重，社员们因监督成本过高和监督话语权缺失而集体“失语”，监督动力严重不足，在意的仅仅是能否获得自己所需的贷款；又如非营利性原则，绝大多数信用社都在从事商业银行业务，搞负债经营。因此，从这个意义上来说，我国的农村信用合作社早已异化成商业性金融机构，其贷款投放对象的部门属性难以代表合作金融的特征；而从近几年普遍成立的农村合作银行来看，多数农村合作银行的资本金、资产规模、贷款规模均较小，未能对地方经济发展提供很大的金融支持。

第二，从理论上分析，合作金融的重要基础条件之一：低调查、低交易和低监督成本决定了合作社成员应处于较小的区域范围内，彼此熟悉，相互信任，信息不对称程度低，社员贷款时其与周围社员的紧密关系和道德约束形成隐性担保，配合其信用状况共同构成防范信用风险的有力武器。这就要求适于合作金融发展的环境应是人员流动性相对较弱、地缘关系和血缘关系浓厚的区域。因此，相对于城市，农村是更适于合作金融产生的区域。相应地，最有可能实现经典合作制度的组织也只可能是农村信用合作组织，其组织成员多数是农户，小部分为乡镇小企业主、小批发零售商等。这些社员申请的贷款资金主要用于生产经营和生活消费（其中多数用于生产经营，少数用于生活消费）。生产经营类贷款的主要投向是农业扩大再生产如农机购置、农田改造等，以及农村中的第三产业如运输业、批发零售业的发展。这些领域在商业银行的信贷投放中占比极小，因为其利润低，且无适当担保品，风险较大。因此从这个逻辑出发可推论出，合作金融的完善有助于金融体系为这些短缺部门的发展提供金融支持，是与短缺部门融资特性相协调的融资制度安排，是农村政策性金融的有益补充。

第四节　优化融资模式结构的对策建议

一、支持地方性中小银行加快发展

第一，地方政府应在强化监管的前提下，加快整合地方性中小银行。比如，城市商业银行空白地区，可由地方政府牵头，以财政入股的方式尽快建立地区性商业银行，鼓励地方性商业银行相互间交叉持股、兼并重组，迅速做大做强，争取打造出龙头性的地方商业银行。对于部分经营绩效差、发展缓慢的城市商业银行，地方政府应积极介入，加快推进其改制重组，积极引入战略投资者，完善其公司治理机制，使其能为地方经济发展提供较好的金融支持。

第二，金融发展战略中应突出对地方性中小银行的倾斜支持。当前，在我国的银行业结构中，国有大中型银行占据绝对主导地位，各项业务指标、市场份额明显领先于地方中小银行。大中型银行凭借其机构网点、资产规模、品牌优势挤占中小银行的生存空间，地方中小银行的发展举步维艰。因此，地方性商业银行的发展除了加强自身内部经营管理以提升经营绩效外，更需要倾斜性措施的支持。国家和地方政府应在金融发展战略中明确提出对地方性中小商业银行的扶持措施，如对大中小型商业银行实施差别准备金制度、实施差别存贷款利率上下限措施，对中小型商业银行的中小企业贷款给予贴息，对地方性商业银行跨区域开设网点放宽限制等；通过这些扶持措施，帮助区域性中小银行迅速发展，扩大其市场份额，完善其市场功能，使其为更多新兴产业的中小企业提供较好的融资服务。

第三，国家应建立具有政府背景的中小企业担保机构。由于小企业的信息不透明，经营风险较大，抵押资产较少，很难满足银行贷款要求，而地方性商业银行的市场定位主要是为地方性中小企业提供信贷支持，因此加快建立具有公信力、具有政府背景的担保机构既有助于促进中小企业获得融资服务，又能有效降低地方性商业银行的经营风险，提升其经营业绩。在担保机构建立过程中，地方政府应参与其中并出资，这既能提升担保机构的公信力，又能降低中小企业的担保成本，扩大担保范围，但在实际的担保机构业务运作中要避免政府的行政干预。

第四，金融监管机构应尽快建立存款保险制度，促进中小金融机构的持续发展。存款保险制度是由金融机构按吸收存款的一定比例缴纳保险费，从而在危机出现时获得流动性资助和一定限度存款偿付的制度安排。地方性中小银行，普遍资本金不足，抗风险能力弱，贷款对象多是本区域的中小企业，有着更大的风险性和不稳定性，在经营管理不善或其他因素导致其不能按时清偿债务时，更易引起银行信用危机。建立存款保险制度，便可以在金融机构破产倒闭时，由保险机构对投保的存款机构和个人支付必要的保险金。这有助于提升中小金融机构的社会信誉并有利于其业务的拓展，有利于防止个别中小金融机构破产倒闭而出现挤兑风险，保障金融体系的稳定。

第五，地方性中小银行自身应从创新前瞻、体制变革等方式入手，确定具有自身特色的经营战略：一方面应明确细分市场，找准市场定位，确立服务地方经济、服务中小企业、服务城乡居民的经营理念；另一方面，要加强创新，突出特色，应在保持传统存贷款业务主体地位的基础上，大力开拓符合中小商业银行优势特点、有现实或潜在盈利空间的中间业务品种，如委托代理业务、财务顾问业务、评估审核业务、基金托管业务等，不断扩大中小金融机构的收入来源，培植新的利润增长点，增强经营的活力，提高在市场中的竞争力。此外，地方性商业银行要开拓资本金补充渠道，提高资本充足率水平，降低金融风险。

二、完善多层次资本市场体系

到 2022 年，虽然我国资本市场已形成涵盖主板、中小板、创业板和科创板的多层次格局，但比起国外资本市场的建设，我国资本市场的层次、深度、广度还有较大差距，需要在以下几个方面采取措施，加强多层次资本市场体系的建设：

第一，推动主板的市场化制度建设。逐步推进发行机制的市场化改革，实现各类市场主体各司其职：发行人根据最优资本结构决定发行股票，中介机构选择和推荐优质股票发行上市，监管者制定法律法规并监督执行，各市场主体的行为均依据市场化原则。适时引入“做市商”制度，在主板市场上引入“做市商”制度可以提高市场流动性、改善信息不对称，完善市场的价格发现功能。推动投资主体的多元化，只有形成多元化的投资主体，才能有效增强市场的广度、深度和稳定程度。本书建议：给予社保基金、保险资金更大的入市权限，给予私募基金国民待遇，加快公募基金发展，鼓励国企资金进入市场投资，保护个人投资者，加快 QFII（合格境外机构投资者）进入速度。

第二，推动二、三板市场的设立与发展。完善创业板功能，扩充市场容量，增强市场活力，鼓励更多创业型企业上市。完善从事产权转让交易的场外市场的建设。放松业务准入限制，鼓励证券公司在符合法律法规和有关监管规定的前提下开展风险投资业务；同时开放市场，适时降低对我国企业登陆境外二、三板市场的限制，实现中小企业在境内和境外交易所之间的优化选择。在加强监管的前提下，确立私募股权基金、产业基金的合法地位，促进私募基金的阳光化，鼓励发展多种形式的私募产业基金以吸纳高风险偏好的社会闲散资金，促进本土私募产业基金市场的培育和发展。

第三，推动多层次债券市场的发展。发展多层次债券市场是扩大直接融资渠道、降低银行体系信贷风险的必由之路，也是抑制和缓解资产泡沫的有效途径。本书建议：适当放宽在债券市场发行债券的融资企业类别、规模等限制，吸引各类型融资者进入，从需求角度拉动债券类产品创新和多层次债券市场建设；鼓励证券机构发展债券中介业务，壮大多层次债券市场的中介力量；在严格审核的前提下适当允许具备较强风险管控能力和管理能力的国内证券机构从事国际债券业务，参与国际债券市场的竞争①。

第四，稳健推进衍生品市场建设。金融衍生品的创新能增强证券市场的流动性，提升市场活力，也能为市场交易、企业经营提供风险对冲工具，是完善多层次资本市场建设的重要组成部分。我国应继续完善股指期货市场的制度建设和产品创新，在风险可控的前提下逐步推出利率期货、国债期货、货币期权等各类金融衍生品，为股票市场、国债市场、货币市场提供风险对冲工具。在参与衍生品交易的投资者门槛上，应区别对待，对部分市场相对稳定、风险相对较小的衍生品，可适当降低投资者准入门槛；但对高风险类衍生品交易，应实施严格的市场准入限制。

第五，鼓励创新，做强基金市场。本书建议：逐步改革基金发行体制，变审批制为备案制，鼓励基金公司在市场化环境下进行竞争。适当鼓励基金公司的产品创新，如开发封闭式债券基金等，丰富基金产品的多样性。积极推动基金专项理财账户的发展，推动私募基金的合法化和阳光化，完善基金人才的合理有序流动机制。在未来资本账户逐步放开的大趋势下，适当鼓励外资机构入股本土基金公司，逐步放开外资机构的持股上限比例，通过外资机构的引入，提高基金公司的投资与研发能力、管理能力和合规性。

三、加强对政策性银行的支持

第一，要完善与政策性金融相关的法律法规。政策性金融的发展要与良好的法律法规相配套，因此金融先导战略应加强和完善政策性金融立法，从法律上明确政策性金融的名称、定位、职能、资本构成、资金来源、业务范围、监督机制等涉及政策性金融经营管理的重要内容，使政策性金融在发展过程中做到有法可依、有章可循，免除发展的后顾之忧，真正将政策性金融的发展纳入法律规范中来。另外，对于不同的政策性金融机构应分别予以专门性立法，因为不同的政策性金融机构涉及的经营对象、经营领域大不相同，存在很强的专业性。

第二，要设计关于政策性金融的科学合理有效的激励机制。政策性金融区

① 何德旭，冯明．中国宏观融资结构的转型特征［J］．经济学动态，2021（8）：31.

别于商业性金融的突出特点表现为经营的多目标性，即政策性金融既需考虑营利性目标，又需兼顾社会性目标，如何协调这两者间的关系是激励机制的核心。继而，可在此基础上构建委托—代理关系，通过激励契约的制定引导代理人合理安排工作重心，争取实现政策性金融兼顾社会性与营利性，实现双向目标的共同达成。

第三，政府和金融监管当局应深化政策性金融的功能，明确其功能定位。政策性金融的持续稳定发展依赖政府对其功能的明确定位，并允许其扩展功能区域。例如，当前中国农业发展银行的功能局限在粮棉油收购资金的借贷管理上，功能单一，扩展功能是当务之急，农村基础设施建设、农村中小学教育等方面均可以纳入其功能范围。另外，政府应进一步深化政策性金融的补充功能和引导功能，充分发挥政策性金融结合政府与市场的优势，促使政策性金融在商业性金融的空白区域进一步发展。

第四，政府和金融监管当局应给予政策性银行更多支持。在税收、转移支付方面，由于政策性银行承担着贯彻国家宏观经济政策和配置政府宏观金融资源的职能，具有政策属性，因此在税收、利率补贴等方面应有所倾斜，以保证其经营的持续性。在政策性银行的监管上，金融监管当局的监管指标应主要倾向于政策性银行的社会效应性指标，对其社会功能的评估要有所侧重；在部分区域内应恰当处理政策性银行与商业性银行的重叠、竞争问题，并给予其恰当的政策指导。

第四章　经济结构发展与信托模式实践研究

第一节　信托的界定与我国信托业

一、信托主体

简单来讲，信托就是一种“受人之托，履人之嘱，代人理财”的手段，它作为一种严格受法律保障的财产管理制度，通过基本的三方关系（委托人、受托人和受益人）来更安全、更高效地转移或管理财产，从而满足人们在处置财产方面的不同需求。代人理财中的“理”是指通过管理提高财富效能的各种经济活动，它包括对于财产的信用托付、保管和处置；而“财”包括能给所有者带来价值利益的有形或无形资产。有形资产包括住宅、跑车、珠宝等看得见摸得着的实物，各种本外币现金、存款等货币资产，以及股票、债券等有价证券。无形资产是指各种知识产权，如个人专利、版权等。具体来说，我们可以将信托拆分为以下两个方面①：

（一）“受人之托”体现社会需求

“受人之托”强调了委托业务的发起，其作为市场供需的一个方面，体现了市场对信托业务的需求。我国的信托业目前正处在一个前所未有的良好的法律和经济环境中。

首先，40余年的改革开放，不仅使我国的综合国力有了长足发展，而且随着经济总量的提升，企业和个人财富也不断增加。国务院新闻办公室发布的

---

① 吴世亮，黄冬萍. 中国信托业与信托市场［M］. 北京：首都经济贸易大学出版社，2010：72-74.

2022 年上半年金融统计数据表明，我国居民储蓄总额已达 100 多万亿元，同比增长维持在 9%以上，随着财产运用结构从消费型逐渐向投资型转变，我国居民的理财需求随之增强。

其次，我国从计划经济体制过渡到社会主义市场经济体制，改革的是垂直的行政管理体制，而不是摒弃宏观调控这一经济调节手段。国家通过投资方面的改革，希望能够迅速形成强大的非政府的企业界及其他民间投资能力，继续推动“后国家干预”时期的经济持续高速发展。

再次，国有企业与民营企业之争早已有之。国家提倡民营经济发展，提倡让市场发挥一定的指导作用，防止对国有企业的过度庇护，使其大而杂乱，乱而低效。然而，政府毕竟是国有资产管理者，在国企改革的进程中，政企不分、机构人员冗余、行政效率低下的弊病没有被彻底解决。这就需要借助第三方机构（如信托）来管理国有资产。

最后，随着科技革命和信息技术的普及和应用，现代经济正以前所未有的速度和方式发展，同时也不可避免地带来了愈演愈烈的竞争和空前的经营风险，经济活动日趋复杂化、专业化，进一步运用信托工具来进行财产管理和资产运营就显得十分重要。同时，信托不仅在个人理财方面，而且在企业资产运筹方面，甚至在社会公益事业方面的独特作用，也逐渐得到社会各界的认可。因而人们可以说，如今信托和信托业务虽然已经蔚为壮观，但在国内社会经济的发展中还有着极其广阔的空间。

（二）“代人理财”体现业务运用

“代人理财”可以看成是对信托业务的供给，是“受人之托”的必然结果，是在社会发展规律与经济体制要求下应运而生的。社会需求中的种种资本积累及个人储蓄，都可以在“代人理财”中得到充分的管理与保值增值。具体说来，信托机构可以通过以下途径达到处置信托资产的目的：信托贷款、委托贷款、信托投资、委托投资、财产信托、有价证券信托、证券投资信托、抵押公司债券信托、人寿保险信托、投资基金信托、国有股权信托、企业并购信托、公益基金信托、政策性基金信托、咨询信托等。

《中华人民共和国信托法》第二条规定：“本法所称信托，是指委托人基于对受托人的信任，将其财产权委托给受托人，由受托人按委托人的意愿以自己的名义，为受益人的利益或者特定目的，进行管理或者处分的行为。”其中信托关系成立的前提是委托人对受托人诚信及承托能力的信任，并且是以信托财产及其权利的转移为基础的，在成立信托关系时必须满足财产权由委托人向受托人转移的条件，进而受托人对他人财产进行管理。信托已逐步发展成为现代金融业的一个重要组成部分。

二、我国信托业的特征

经过多年的发展，我国信托业在实际操作中已取得一些成绩，但金融业制度环境的扭曲还没有完全得到改善，有些方面还严重地制约着我国信托业的良性发展。我国信托业的生态环境包含两个层次：一是各项法律法规及规章制度是否完善，二是各项制度的执行是否公平。

（一）法规的缺失

随着《中华人民共和国信托法》的颁布，及信托业“一法两规”的成形，信托业的一系列法规看似已健全完备，实则不然。信托财产如何登记、信托税收如何缴纳、信托业务如何退出等细节性问题含糊不清，没有清晰的各项配套法规的补充，规章制度仍然严重缺乏或滞后。《中华人民共和国信托法》第十条规定：“设立信托，对于信托财产，有关法律、行政法规规定应当办理登记手续的，应当依法办理信托登记。未依照前款规定办理信托登记的，应当补办登记手续；不补办的，该信托不产生效力。”强调实务性、操作性的财产信托登记制度在《中华人民共和国信托法》第十条的规定中点到即止。因此，对于土地、房产、汽车、股权等需要登记的财产信托业务变得“有法可依，无法操作”。

以基础设施建设为主的产业投资信托，具有操作周期长、资金回收安全稳定等特点。对新冠肺炎疫情下的基建项目而言，以“内循环”政策拉动内需保经济增长来说是大有可为的。但由于缺乏良性退出机制及交易制度的相关规定，投资人对于流动性和安全性的需求无法满足，避险能力不足，使产业资金的建立受阻。这使得信托业的各项功能无法发挥，只能局限于同银行短期借贷市场争资源、拿项目，只具有短期融通资金职能而无法在投资领域施展拳脚，无法有效地占有市场，空间的狭小与职能的束缚使信托与“四大金融支柱之一”的称号还不相符。

（二）制度执行的失衡

不同金融产业在从事信托业务时面临着双重标准，包括法律保障上的失衡，运行机制上的不对等，以及所承担税负方面的差异。

将商业银行的“个人理财综合委托投资服务”信托业务同信托公司的信托业务进行对比可以发现，二者受到的约束明显不同。商业银行没有单个集合信托项目合同份数的限制，可以将理财计划分为保本型、保证收益型、浮动收益型，而不会被视为非法集资，集合信托贷款业务到期后仍可以展期，可以通过报刊、电视、广播和其他公共媒体进行宣传。商业银行可以通过全国各个网点进行集资，集资方式较为灵活，即使理财项目无法按时收回资金进行兑付，也没有相应的处罚措施。信托公司就没有这么良好的条件。相对宽松的业务操作环境给商业银行带来更大的发展空间，同时也使本身就不健全的信托更加举步维艰，在市场份额的占有及客户资源的争夺中都处于劣势。

随着金融业的发展，银行、保险公司、证券公司等金融机构都以各种形式相继开展信托业务，这足以证明信托不仅开拓了金融业发展的新航道，同时还具有一定优势，是适应本国发展的朝阳业务模式。近年来无论是信托业务的操作流程、衍生职能挖掘还是安全与稳定方面的研究，都取得了长足进步，与其让信托依附于其他金融机构，以混业经营局面成就信托模式的辉煌，为什么不能真正发挥信托公司的优势，整合各大金融机构资源，做专、做大、做强呢？至少我们可以放宽对信托公司的限制，完善相关法律法规的制定与执行，让信托公司和其他金融机构站在同一起跑线上公平竞争。诚然过去几年信托业也出现了不少问题，但没有任何一种事物生来就十全十美，既然“摸着石头过河”了，就应该运用已有的经验教训，适时推动信托公司发展，这才是我国信托业赖以发展的基础。

第二节　金融改革与信托业的发展

一、国内信托业发展与经济发展同步

（一）信托市场参与主体逐渐增多

目前信托市场的参与者已不局限于信托公司，信托业务的不断拓展，已吸引了更多金融机构和其他机构加入。例如，法律事务所为集合资金信托计划起草法律文本和出具法律意见书，为私人股权信托产品的结构设计和法律问题提供解决方案，国内信托研究机构（中国人民大学信托与基金研究所和西南财经大学信托与理财研究所）对信托行业进行系统的理论和实践研究，定期发布信托产品月度及年度报告。用益信托工作室等信托专业网站汇集、整理、研究和公布信托产品数据、动态，并提供交流平台；展恒理财等第三方理财机构为信托公司提供客户资源、营销产品，并为自有客户提供投资选择，赚取双方手续费。

（二）自律组织的作用日益加强

行业自律是信托市场监管体系的重要组成部分，同时也是保护行业共同利

益的必然要求。2005年成立的中国信托业协会承担着行业自律工作。2009年年底为了发挥信托公司管理职能，促使银信合作、证券投资等业务的合规经营和有序竞争，《信托公司证券投资信托业务自律公约》出台，我国信托行业的经营体系进一步得到了健全，很多信托公司的经营都变得更为规范化和有序化。

（三）信托业适应监管积极转型

首先，我国应从立法上解决基本监管立法缺失的问题，也就是通过制定《信托业法》明确信托业监管所需要处理的一些基本问题。当下信托业监管所存在的一些难点问题，根源在于信托业基本监管立法的缺失。只有通过制定统一的《信托业法》，才能从根本上化解信托业发展所面临的结构性挑战和信托业监管亟待解决的深层次难题。

其次，要强化事中、事后监管。其中，事中监管要以信息披露的强化为原则，事后监管则以监管处罚的强化为路径。在事中监管层面，必须进一步强化信托机构和信托产品的信息披露，着力改变信托受益人与信托受托人“信息不对称”的局面，使信托受托人管理处分信托财产的情况“充分透明”。

再次，强化实质性监管、动态性监管、穿透性监管等方法的运用，并运用金融科技工具来创新监管方式，以使功能性监管原则得到有效贯彻。随着金融创新的推进，信托公司及其他资管机构可能会“创造”出越来越多的创新型信托产品，如果固守于传统的监管理念和监管方法，很难发现这些创新型信托产品背后复杂的风险要素以及利益关系。在这一背景下，对于金融产品的监管识别应当采取实质主义立场而非形式主义立场，将本质上具有信托法律属性、应由信托法调整的金融产品，均纳入信托业监管范畴。监管机构不应当拘泥于机构监管的思路，而应当充分地扩展自身监管执法权限，对横跨于不同金融领域、归属于差异监管范畴的信托机构和信托产品进行全面监管；同时，在这个基础上还必须克服监管推责、监管冲突等弊病，加强监管机构之间的协调，以确保监管权力能够实现全范围覆盖①。

最后，经过近年来的探索与实践，部分信托公司已适应监管措施导向，完成业务模式的战略转型，在细分市场中专注地经营。个别信托公司在树立了品牌形象的同时，还实现了业务模式的专业化、客户结构的高端化、营销体系的私募化、产品要素的基金化、经营战略的市场化、地域战略的国际化、人才战

---

① 夏小雄. 信托业监管体系重构：问题剖析、理论反思与制度完善 [J]. 金融监管研究，2020 (9): 110-114.

略的复合化和竞争战略的联盟化。转型后的信托公司在业务拓展、信托报酬收入方面均高于转型缓慢的信托公司，公司资产质量和盈利能力优于其他金融机构及部分上市公司。信托公司在私人股权投资、信贷资产证券化、高端客户理财等领域也开始有所作为。

二、信托公司自身的经济结构调整

（一）信托公司兼并重组风起云涌

1. 外资机构参股

我国曾经有多家外资参股信托公司得到监管部门的批准，如澳大利亚国民银行参股联华信托有限公司，英国安石参股北京信托有限公司，摩根士丹利参股杭州工商信托有限公司，苏格兰皇家银行（RBS）参股苏州信托有限公司等。此外还曾有多家外资企业与国内信托公司接触，包括汇丰银行与山西国投有限公司、美林证券与西部信托有限公司等。按照现行规定，外资机构在信托公司中的持股比例原则上不得超过20%，外资机构容易处于技术强势与股权弱势的尴尬境地，因此难免出现外方核心技术能力与中方掌控决策权之间、制订与国际接轨的长远发展规划和股东近期汇报要求之间的矛盾①。

2. 国内金融机构参股

金融业混业经营趋势促使金融机构利用信托公司进行跨行业经营，国内银行、保险公司和资产管理公司等金融机构纷纷加快参股、控股信托公司的步伐。对于银行等金融机构而言，其客户理财、信贷资产证券化、企业年金管理等创新业务需要运用信托的方式，入股信托公司能够降低合作成本、实现资源共享；对于信托公司而言，银行可以为其提供客户、项目资源与资金，银行与信托公司的合作也避免了出现业务垄断和信托业务单一的问题。

3. 国内实业公司参股

受信托牌照紧缺及财富管理市场潜力的吸引，国内一些大型企业处于转变发展模式的过程中，即由单一实业发展模式向实业金融并举转变，这些公司也加入了参股信托公司的大军。在收购成功的案例中，部分企业出于弥补集团自身功能、机构的欠缺，将信托公司定位为集团内部财务公司，这虽在短期内可以对信托公司起到扶持作用，但长期会弱化信托公司的市场竞争能力。

（二）盈利模式转变，竞争分化加剧

首先，经过近年来的发展，信托公司已经形成以信托报酬收入为主要收入

① 栗玉仕. 信托公司主营业务塑造及其风险控制［M］. 北京：经济管理出版社，2008：13-55.

的盈利模式。信托报酬收入和信托资产规模保持增长之势，信托业务收入在营业收入中的占比不断上升。尽管信托公司已经回归主业，盈利模式发生转变，但在信托业务收入增长的同时，信托报酬率普遍偏低。究其原因主要是被动性业务收入偏低，如银信合作中信托报酬率仅在0.1%~0.3%。因此，我国信托业急需提高自主资产管理能力，将盈利模式继续向以自主管理类业务收入为主转变。

其次，信托公司的同业竞争仍然激烈。信托公司之间的竞争不仅体现为对银行资源的竞争、对项目资源的竞争，如今还演变为对人才的争夺、对业务区域的占领。众多的信托公司，其业务还是呈现向少数优秀公司集中的趋势。经过几年时间，信托公司之间的业绩差距拉大，行业集中度增加，出现强者恒强的局面，银行与企业也倾向于选择与同行业内排名靠前的信托公司合作。

（三）信托公司不断寻求业务创新

当银信合作、证信合作等一度流行的模式面临各种挑战时，基金化运作的信托产品正在悄然兴起。信托产品市场已经出现了房地产投资信托基金、能源投资信托基金、产权交易市场信托基金等信托产品。基金化产品以其规模大、期限错配、资金运用方式灵活、申购赎回机制特殊等优势成为信托公司塑造自主资产管理能力的重要突破口。近年来，信托公司的业务创新一直不断，有产品结构设计的创新、投资领域的创新、发行方式的创新和产品流通方式的创新，争取了较多的高端客户资源、优质项目资源和专业人才资源，而这三个方面因素正是信托公司自主管理能力提升的关键所在。信托制度可以与人类的想象力配比，未来的信托必将渗透生活的每一个细节，并为经济结构调整做出贡献。

三、信托产品设计助推经济转型

（一）产品合作发行

信托公司通过与商业银行签署代销协议或代理收付协议，支付给商业银行一定比例的销售费，由银行全权负责向其自有客户推荐，扩大信托产品的销售规模。另外一种发行模式是，信托公司采取设立结构化产品的方式，由商业银行发行人民币理财产品认购优先受益权部分，信托公司再向自有客户发行劣后受益权部分。

（二）资金投向拓宽

信托资金的投向由传统的房地产、证券和基础设施拓宽至物流、新能源、中小企业等领域，甚至有部分产品涉及黄金、艺术品等另类投资市场；信托投资标的物从房产、公路等向多样化的资产延伸，包括应收账款、上市公司股权收益权、上市公司定向增发及非上市公司股权收益权等。

（三）产品结构设计借鉴基金

信托市场上出现的类基金化产品在产品的申购、赎回、估值等环节都显现了基金的影子，基金化设计能够增加信托产品操作的灵活度。证券类信托产品则借鉴国际上通行的伞形基金产品设计，如上海信托发行的“红宝石”安心进取系列伞形资产配置信托计划，配置了上海信托旗下投资于证券市场不同板块的四款证券信托产品。该信托产品投资范围广，后续可以投资其他信托产品，以及 QDII（合格境内机构投资者）产品，该产品解决了许多群体不能开立信托证券账户的问题。

《关于加强信托公司异地信托业务监管的通知》出台后，信托总资产和集合产品的行业集中度在 2009 年出现了很大差异。出现这种情况的主要原因是集合产品与银信产品有非常大的区别。相比银信产品，集合产品对信托公司的自主管理能力要求更高，而银信产品一般都是银行起主导作用，信托公司主要是一个平台，因此信托公司发行银信产品的利润很低。集合产品更能代表信托公司的自主管理能力，集合产品行业集中度的变化也更能说明信托业未来格局的变化趋势。

从集合产品来看，2009 年信托业 CR5 提高了 2.3 个百分点。随着异地业务的放开，信托行业内部竞争加强，自主管理能力强的信托公司已逐步走向全国，集合产品的市场份额进一步得到扩大。实际上，信托行业集中度正以对数方式增长，2015 年集合产品已达到 44%。预计到 2022 年年底，集合产品继续维持在 40%以上，处于较高成长水平。

第三节　发达国家信托业在国民经济中的作用

一、英国信托业顺应经济发展

（一）土地信托顺应产业经济发展

信托业最早起源于英国，民事信托制度也得以在英国确立。早期英国的民事信托主要是不动产信托，而其中又以土地信托为主，这是由于古代的英国基督教徒将遗产（主要是土地）捐献给教会从而影响了国王和封建主的利益而招来国王的干预，针对土地权益转让的问题，英国的法官制定了有关土地的信托制度来规避干预。随着社会经济的发展，虽然英国信托业的规模不及日本、美国，但其传统的土地信托仍然得到了传承，而且由简单的权益归属驱动转变为利益驱动，即为了盈利而采取信托方式运作。

（二）建立养老金信托，促进经济体制改革

如今英国信托市场上最主要的信托业务集中于传统的个人业务信托、民事信托以及公益信托。公益信托就是以信托公司为媒介吸收社会闲散资金，并由信托公司管理，从另一角度看这又是一种目的信托，其对于资金的运用是有指向性的。比如，英国比较常见的养老金信托，是为改善老年人生活，促进社会保障制度建立而设立的一种信托基金。将养老基金计划以信托的方式进行管理不仅有力地规避了养老资金的私自挪用问题，保证了资金的安全，而且达到了改善社会环境，推动经济体制改革，促进社会和谐的目的①。

（三）投资信托远及海外，统筹国内外经济发展

早在东印度公司运营的时期，英国的跨国投资已然盛行。如今的英国信托业务依旧不满足于国内市场，国内的信托公司业务趋于饱和，迫切希望通过海外业务拓展利润。当然英国国内的经济条件、社会文化及法律法规都与国外存在一定差别，如何在稳固国内信托产业链的同时，有效地将信托业务与国际接轨，统筹国内外经济发展，是其需要着力解决的问题。

二、美国信托业服务经济浪潮

（一）信托立法服务于经济和市场的发展需要，并随之而改变

美国各州的商业信托立法活动非常鲜明地体现了法律对经济和市场的发展需求的敏感嗅觉，以及服务于实体经济和立法应当适应经济发展需求的立法宗旨。美国普通法下商业信托的法律地位长期处于不确定的状态，与商业信托的重要经济地位产生了错位，曾一度影响了商业信托的有效应用，甚至影响到美国实体经济以及金融市场的发展。正是看到症结所在，美国各州先后经历了几波商业信托立法浪潮，并在实践中不断完善和修正相关法律规定，以适应美国经济和金融市场的发展。商业信托立法最终确立了商业信托与公司合伙相并列的独立法律地位，通过建立商业信托登记制度及其他规范，使商业信托被纳入法律的统一调整之下，更有效地发挥其商业价值②。

（二）信托模式服务于经济建设浪潮，有价证券业务开展普遍

美国信托业虽然传承自英国，却并不像英国一样以土地信托为主要对象开

① 余辉. 英国信托法：起源、发展及其影响［M］. 北京：清华大学出版社，2007：23-65.

② 刘金凤，许丹，何燕婷，等. 海外信托发展史［M］. 北京：中国财政经济出版社，2009：36-54.

展业务。南北战争结束后的重建浪潮将有价证券信托推上历史舞台，并在美国信托业务中占据主要位置。经济重建一般依靠市场解决资金问题，如发行股票和公司债券进行融资。然而，大规模的建设浪潮超出了当时资本市场的供给量，同时随着产业资本化的深入，出现了大批的富人、企业家，大量的社会闲散资金迫切需要渠道进行投资，于是信托公司的代理业务应运而生。信托公司可以对日益增多的有价证券进行管理，通过高效的替代发行、流通和还本付息，投资于基础设施建设。

（三）加大国家对经济的干预力度，拓展信托业务

二战以后，美国政府加大了对经济的干预力度。按照凯恩斯的理论，适度的通货膨胀有利于刺激经济发展，于是为了恢复经济，美国加大经济开发力度，采用宽松的货币及财政措施以推动经济高速发展。经济增长与通货膨胀相伴，必然促进资本与货币市场的扩大与繁荣，经济创新不断活跃，为信托业的发展奠定了基础。从现金信托到房地产信托，从有价证券信托到商务管理信托，有利于经济发展、有利于国家财富增长、为二战后经济重建提供便利的信托模式都被采纳，信托产品得到极大的丰富，信托功能得到进一步开发，信托业务得到进一步拓展。

（四）经济走势“晴雨表”，个人信托与法人信托相互交替开展

在美国，人们能够通过分析个人信托与法人信托的开展情况大致预测经济走向，从而达到正确进行投资决策的目的。在经济向好的情况下，企业集团愿意将大量盈余即暂时不用的闲散资金进行保值增值，与法人信托相比，个人信托业务量微乎其微，此时表现为法人信托业务对个人信托的超越；相反地，当经济衰败时，企业集团大多重视资金流动性，而不会轻易将有限资源用来投资，于是个人信托的价值逐渐显现。因此，我们通过个人信托与法人信托的相互交替开展的情况，能大致了解美国经济走势的“晴雨”。

三、日本信托业推动了经济重建，促进了社会发展

（一）推动二战后经济重建，大力发展金钱信托

同样是二战后的经济重建，同样是利用信托服务于日益增多的资金需求，日本采取的方式与美国有所不同。在美国，信托公司行使的主要是代理职能，而在日本，其对信托的要求更高，信托的作用也更直接，是要发挥信托的筹资职能。日本的信托银行是由信托公司转变而来的，是混业经营的一种表象，通过允许银行兼营信托业务形成托管、清算、管理运用业务链。为了适应二战后的新形势，解决业务混杂所存在的推诿及权责不清、资金不安全等问题，日本

对信托业实行长期金融与短期金融分离，新成立的信托银行主要从事长期金融服务，而原来的可以兼营信托业务的银行则只能施行商业银行职能。于是日本的信托业务就主要集中到住友银行、安田银行、三菱银行、东洋银行、三井银行、日本银行等信托银行手中。随着日本经济的日益恢复，各种信托模式不断涌现，金钱信托得到大力发展。

（二）信托银行合并，应对经济泡沫破灭

20 世纪 90 年代，日本经济危机使高涨的通货膨胀泡沫迅速破裂，日本经济迅速下滑，实体经济与虚拟经济均大幅缩水，公司倒闭、工人失业，呆账、坏账使包括信托公司在内的各大金融机构举步维艰。与此同时，欧美国家经济依然向好，金融机构实力显著增强，"金融百货公司"（信托公司）不断涌现，这无疑进一步打击了日本的金融市场。为了应对经济危机，增强日本本土金融机构竞争力，信托银行走向了兼并联合之路。虽然现如今银信合作全面叫停，但其影响不容忽视。

四、发达国家信托业发展对我国的启示

在我国，信托公司虽然可以从事证券的委托发行，也可以组织基金进入证券市场，但相对于一般的证券公司与基金来说并没有什么特殊的优势，短期内采取英美模式比较困难。我国信托业的起点与日本相似，发展过程中遇到的问题与日本相似，解决问题的手段也与日本相似，然而日本信托业兴起之初，银行业也是刚刚发展，因此信托业有可能从银行业手中分得长期金融这一"蛋糕"；但我国银行业的根基比信托业牢固得多，即使在长期金融方面，信托业也很难占据优势地位，因此也不可能走日本的老路。

基于对英、美、日三个国家信托业服务于经济发展的历史回顾和分析，结合对我国改革开放以来信托业成长历程的思考，可以得出这样的结论：经济体制需求是推动信托业产生和发展的根本原因，在需求不足的情况下强打信托牌，会使信托业偏离本来意义上的方向，因而信托业发展与经济体制调整密不可分。信托业的发展方向是在市场竞争中通过市场机制确定的，各国的传统、风俗、习惯则是决定信托业发展方向的深层次原因。全球范围内的金融混业经营和兼并重组已经成为潮流，我国信托业也已经表现出这方面的苗头。

纵观中国经济、金融市场 40 多年来的改革发展之路，政策从来都是影响一个地区、一个行业发展的重要因素之一，信托业的发展也不例外。从目前的情况来看，虽然信托公司号称可以横跨货币市场、资本市场和产业市场，具有"金融百货公司"的美誉，但在中国金融业分业监管和行业部门利益驱动的背

景下，信托公司的这一优势就大打折扣了。从目前最有可能成为信托行业主营业务的业务来看，信贷资产证券化、阳光私募基金、房地产信托投资基金以及公益信托等，无一不是受到部门和行业利益的影响，而信托业的整体实力和话语权又使得上述业务难以成为信托行业的主营业务，这给信托业未来形成稳定的业务模式和盈利模式带来了极大的不确定性。

信托要对经济产业进行结构化调整，就一定要打造核心竞争力。在竞争策略上，首先要扬长避短，利用制度优势，大力发展实业投资，成为实业投资领域的引领者，如传统的基础建设类信托产品就是如此。其次要紧跟国家政策，发展“十四五”规划鼓励的投资领域，主要是基础产业、基础设施、市政公用事业、社会事业、金融服务等领域，在自身发展壮大的同时，获得国家更多的认可和支持。

在战略上，我国信托企业要打造核心竞争力。一是信托公司应继续发挥自身优势，加大信托业务的创新力度，特别是要注重依据法律本源的不同开发出创新产品，这样就可以在理财市场中寻找到自己的核心竞争力，并开拓出一片属于信托公司的“专属领域”。二是加强品牌建设。竞争力的强弱从某种程度上说就是品牌的强弱。未来理财产品的竞争将越来越表现为品牌的竞争，品牌将成为信托公司取得竞争优势的主要源泉和战略财富。通过这几年的高速发展和政策措施引导，特别是在重视主动管理、强调资产管理能力的今天，信托公司已经越来越意识到实施品牌战略的重要性。未来理财市场的竞争中将会涌现出越来越多的信托品牌。三是树立健康的企业形象和建立良好的企业文化，打造财富管理的百年老店。从信托业发展的历程来看，中华人民共和国信托业虽然仅有 40 来年的历史，出于各种原因，发展之路非常曲折，但自信托业“一法两规”诞生以来，信托业回归本源，开始走向规范发展之路。到 2022 年我国信托资产已达到 21 万多亿元的规模。随着相关措施的日趋完善，未来信托业的发展环境将会变得越来越好，在这种情形下，信托公司应着眼长远，抛弃短期利益，努力将信托公司打造成资产管理的中坚力量和未来财富管理的明星品牌，要有远大的目标，建立值得信赖和托付的企业形象，打造信托业的百年老店。

第四节 经济结构发展与信托可行性分析

一、经济体制改革方式

针对中国经济结构发展的实际情况，本书认为应统筹考虑经济结构系统中不同经济结构间的关系，以及从强调经济发展的动力机制与平衡机制之间的协调关系出发来思考经济体制改革的方式，从而最终实现经济结构调整的目标①。

（一）低碳经济型转变

低碳经济结构调整是新一轮国际竞争的内在需要，中国应该把握机遇，针对产业结构失衡的基本特征，逐渐推动实施新的发展战略，通过制定有利于低碳经济结构调整的产业、金融、财税等经济措施，将低碳经济调整战略融入经济发展规划和新一轮宏观调控措施中去。

（二）消费主导型转变

第一，中国已处于工业化、城市化的深入发展期，投资对经济增长的拉动作用仍然十分重要。特别是在当前新冠肺炎疫情对中国经济的影响仍在持续的情况下，适当加大政府投资力度，使投资保持一定的增速是十分必要的。事实上，消费主导型经济结构调整还需要经历一个消费和投资并重的调整时期，要在提高投资效率和质量的基础上，不断提升消费在经济增长中的贡献度，最终实现消费主导型经济发展模式。

第二，应该通过加快完善公共财政措施，建立健全覆盖城乡的统一的社会保障体系，特别是积极探索农村各项社会保障制度，加快农村养老保险体系的建立，加强农村地区和偏远地区的基本医疗保障等。同时，要建立针对进城务工农民的事业保险制度、工商保险制度、大病或疾病住院保障机制等，提高他们的实际消费能力。

第三，应将一部分政府储蓄用于有利于拉动国内消费的公共产品建设上，为扩大内需、改变仅靠出口拉动经济增长的状况创造必要条件，同时在一定程度上稳定消费者信心。

（三）市场导向型转变

依照市场导向型金融结构调整战略，现阶段金融结构的调整与优化应继续

① 杨建龙. 新一轮经济增长的结构与趋势研究［M］. 北京：中国发展出版社，2010：9-11.

坚持渐进式改革，在深化银行业改革的同时，加快直接投资体系的建设，稳步推进利率市场化改革，不断完善人民币汇率形成机制。具体看来中国现阶段应采取以下战略措施：

一是加快直接融资市场体系建设。随着经济市场化水平的不断提高，我国的金融需求也随之日益多元化，这就在客观上要求我国拓宽融资渠道，加快金融市场融资模式的制度建设进程。市场导向下的金融结构调整战略并非强调中国的金融体系结构一定要以金融市场为主导，而是使市场机制在金融结构调整过程中起主导作用。实际上，随着信息技术的进步、金融创新的发展和金融全球化的深化，各国金融结构演变的趋势已经不是金融中介主导模式与金融市场主导模式之间的替代问题，而是如何利用市场机制促进金融与经济协调发展的问题。

二是稳步推进利率市场化改革。中国的金融体制仍然比较脆弱，迅速推动金融变革以求一步到位是不现实的，急于求成将会带来各种市场风险。因此，我国的利率市场化改革必须采取渐进式模式，在巩固放开贷款利率上限和存款利率下限政策的基础上，逐步确立银行间同业拆放利率的货币市场基准利率地位，建立健全由市场供求决定的、中国人民银行可以调控的利率形成机制。同时，不断增强金融机构的利率定价能力，逐步将利率市场化的重心由监管机构主动放开利率管制，转移到市场主体参与决定市场利率之上。

三是稳步推进汇率形成机制和外汇管理体制的市场化改革。中国现行的强制结售汇制度虽然有利于国家对外汇收支进行统一管理，但同时也加大了中国人民银行的外汇冲销干预压力和操作成本，把应由企业和银行承担的风险集中到国家身上。为此，我国应当由“藏汇于国”向“藏汇于民”转变。

四是鼓励金融机构的金融创新行为。从中国的实际情况来看，制约金融发展的一个重要原因恰恰就是金融创新不足。

二、采用信托方式的可行性

我国需要调整包括税收体制、产业模式、社保体系、融资渠道、政府投资等在内的一系列经济关系以达到经济结构调整的目的。然而信托这种财产转移与管理手段能否促使经济结构调整，仍值得考量。

（一）信托职能与市场经济

1. 资产管理职能

对于资产管理这一基本职能，信托投资公司可以通过开办信托业务，为委托人提供专项服务达到经营目的，从而充分发挥为资金委托人管理、运作和处置所托管的集合资金的作用。当然，信托业的这一职能能否在中国充分发挥，今后我国信托业能否在资产管理上取得突破性进展，将直接关系到我国信托业乃至中国经济前途的好坏。因此，我国要实现基于信托模式下的经济结构调整，同样要遵循其资产管理职能，否则信托业要么发展道路越走越窄，要么重蹈频频整治的覆辙。

2. 融资职能

信托公司所提供的信托服务与银行间接融资有本质的区别，同时又不能等同于资本市场的直接融资。信托公司在进行财产管理运作时提供的投资和融资业务是一揽子金融服务，衍生出委托人、受托人及投资标的多边信用关系。信托的投融资可以是融资，可以是融物，可以是直接融资，可以是间接融资，也可以是前面若干方式的综合，因此信托所体现的是一种基于多种融资模式并存下的单纯的商业信用关系，而不是我们常见的基于存贷模式下的银行信用关系。这就为发挥信托的政府职能提供了便利，可以将信托的融资特性同当前政府对融资体制改革的要求相结合，充分利用信托模式调节经济，优化结构。

3. 社会投资职能

信托公司开展投资业务在全球市场上已不鲜见，尤其流行于日本和欧美国家。信托公司本来就是要通过对所管理的信托财产的运用达到增值的目的，就增值而言，投资是个好办法，这种业务的开拓和延伸是信托所必备的，是相伴相生的。

4. 服务职能

随着信托业务的发展和创新，单纯对资产的管理运作已经不能满足信托公司对利益的追求，信托公司有足够的资源、能力、专业人员和渠道来开展投资银行前期的尽职调查及巡演等较低端的业务，从而成为投资银行相对专业的外包公司。同时信托公司具有为企业及其他金融机构提供咨询的职能，可以在其他经济关系中扮演协调、顾问的角色，而不仅限于管理咨询、投资咨询、工程咨询、担保见证等。

5. 为社会公益服务的职能

信托的公益职能在国外开展得如火如荼，在国内类似的公益信托也不少见。中国的经济在进步，社会正在朝着更有利于满足人民美好生活需要的方向发展，这无疑为养老基金信托、扶贫基金信托、社保基金信托，以及教育、医疗等专项资金信托提供了更为广阔的空间。本书所探讨的信托的经济结构调整职能正是根植于又融合于这五项职能的，是对其基本职能的演化与拓展。

（二）信托模式对经济结构调整的影响

1. 信托具有对国民经济的强化渗透能力

第一，信托与银行原有的贷款形式完全不同，所以信托的形式能够满足不同经济成分对资金和信用的需求，为它们开辟筹资融资的渠道；第二，信托拥有除吸收存款外几乎所有的全方位、多元化筹资手段，包括接受政府预算外资金信托、政府机构和法人定向资金委托、常规和特殊债券和股票；第三，信托筹资方式比较灵活，虽然不能够保证收益，但可以在追求“低风险，稳收益”的基础上，使收益率高于银行利率，所以其筹资范围广；第四，信托具有多元化的融资渠道，所以可以满足不同企业对资金的各种需要。

2. 信托可以引导社会财富的流向而发挥最大效能

信托业“一法两规”和中国银监会颁行的“新两规”反复定位了信托、信托公司的基本职能，主要是为社会上拥有资金或资产的合格投资人提供受托人服务，代其管理和运用财产。信托公司汇集了大批精通融集资金和运用资金的信托专家，他们在资金的调剂、融通方面具有较多的专业知识和经验，掌握社会资金供求方面的信息，而且他们熟悉国家的投资、融资政策，因此他们可通过分析、研究找到最稳定的收入保障，从而更有效地使信托资产充分增值。基于这些原因，信托业拥有足够大的吸引力，能在一定时期内将资金、财产以受托的方式汇聚起来，并有效地投放出去，成为引导社会财富流向、避免盲目投放、保证聚拢来的资金正确投资的渠道。因此，信托无论是对于地方经济的发展和产业的升级换代，还是企业转轨改制及提高运营效益，都能发挥积极作用。

3. 信托促进货币市场与资本市场的协调发展

长期以来，中国资本市场和货币市场的发展滞后于实体经济的发展。一方面，资本市场规模小，市场体系不完善，理性投资者不足，金融创新产品匮乏；另一方面，货币市场尚未真正形成，市场化程度很低，部分中小金融机构无法进入拆借市场，降低了交易效率，同时货币市场工具也严重缺乏，很难满足各类投资者的需求，而票据市场规模小、工具单一，市场主体少。

信托公司提供的并购重组和公司理财等投资服务可以促进资本市场服务水平的提升，比如在资产证券化过程中，信托公司可以充当证券化资产的受托人和资产支持证券的发行人，以促进证券化的发展。又如，在附担保公司债的发行中，信托公司可以实现担保物权的保存和信托服务，从而促进企业发债计划的实现。货币市场信托机构可以通过以下方式展开信托投资业务：一方面，可通过特定的信托产品，如同业拆借信托产品转向投资货币市场中的同业拆借资产，营收账款信托产品转向投资货币市场中的企业票据资产等；另一方面，信托公司可通过包括货币市场基金在内的不特定的信托产品进入货币市场，并开展相关业务。

4. 信托可以进一步改善金融资产结构

在中国，由于市场客体缺乏、金融创新不足及投资渠道不多等客观因素的存在，社会金融资产仍主要集中于银行存款，居民缺乏有效的投资渠道。在居民拥有的全部金融资产中，储蓄存款占60%以上，股票投资、国债投资和基金等金融产品所占比例仍然很低。储蓄占比过大表明居民理财渠道狭窄，参与投资不足。加快发展信托业，对于有效改善中国金融市场的结构会起到很大的推动作用。

尽管信托业发展至今仍存在种种问题，但从以上分析可以看出，信托对经济的发展、金融体系的构建、投融资结构的转变以及投资储蓄比例的协调，存在一定的影响，并已然开始对经济结构的调整产生影响而且不断演进。

三、利用信托进行经济结构调整的路径

（一）尊重规律，充分支持信托公司开展业务

我国国有资产正逐渐从竞争性领域撤出。我国信托业只要有当地政府的大力支持，政府对现有财政收入的使用进行重新审视，把政府一元的、全面的和直接的投资方式转化为间接的、多元的方式，政府资金则主要用于改善投资项目条件和提供债务收益保障，就一定能够拉动信托投资的倍乘效应。

（二）学习国外经验，充分利用信托长期融资功能

在日本，信托银行通过信托受益权的证券化使受益权可以自由流通，从而吸收了大量的社会游资，而自由流通的机制保证了，即使社会大众的资金进出自由灵活，信托银行也可以把吸收来的资金主要用于中长期贷款业务。这样的设计不仅可以为化工、机械等基础产业提供长期稳定的资金，也为公共设施、公共工程提供了一定的投资和融资，此外还为发展第三产业和发展个人住宅融通了大量资金。

再来看我国，随着居民收入的大幅增长，财富结构已发生变化，临时性货币支出所占份额已很低，追求合理利息的财富资本化倾向十分明显，个人信托业务的开展有了一定的社会经济基础。同时，随着不同公司和合伙制经济组织的陆续出现，它们在各自领域内的不断发展和财富积累成为潜在的民间投资的动力和源泉，这些本来就是为了营利而组成的经济组织追求利息和利得的倾向不言而喻，而寻求专业的理财服务和远期收益的要求也日益增强，这在一定程

度上能促进信托业的发展。

（三）使用委托管理，间接退出经营领域

对于一些暂时无法撤出又经营不善的经营性资产，政府可以采用委托信托公司管理的办法来解决问题。事实上，一些国有企业特别是困境中的国有企业，并非真的无法妥善经营，它们有的是具有分配制度方面的痼疾，有的是受经济规模方面的影响，有的只是面临现金流方面的问题。信托业正可以发挥机动灵活的服务和产品设计的特点，针对不同的资产、不同的项目为客户量身定做业务，发挥“金融轻骑兵”的排忧解难的积极作用。

第五节　基于信托模式下的经济结构发展思路

一、以低碳信托模式转变经济增长方式

“十四五”期间，贯彻新发展理念是我国实现高质量发展的必然要求。新常态下，新的经济增长点的出现及产业结构的调整将促进低碳经济的发展。但同时，低碳经济的发展方式和路径还应满足经济与环境协同共赢的要求。低碳经济发展所需要的支持中最重要的莫过于金融支持[①]。信托作为一种以信任为基础、以财产为中心、以委托为方式的财产管理制度，在金融体系中最灵活，最具有创新动力。低碳信托业务可能开展的形式具体有以下两种：

第一是对碳交易提供资金支持，引导社会资金投放。据世界银行统计，全球二氧化碳交易需求量预计每年为 7 亿到 13 亿吨，形成了年交易额约为 650 亿美元的国际温室气体贸易市场。信托以其独特的融资方式，可以通过集合信托产品的发行间接或直接引导社会闲散资金参与碳交易。

第二是支持企业发展的项目融资。一般来说，低碳信托项目周期都较长，而且项目立项 1 年内就要实施项目购买任务等，所购买的项目设备对融资的需求很大。信托既可以通过贷款融资形式也可以通过融资租赁形式，还可以通过股权融资形式介入低碳项目。此外，信托还可以对一些存量低碳项目进行打包，组建资产池。对于质量比较好的低碳项目也可采用“核证减排量”收益权来作为抵押，通过对项目一、二级市场的广泛参与，发展与多方的协作关系，并凭借自身的信息优势为项目提供专业化的咨询服务。

---

① 邬彩霞. 中国低碳经济发展的协同效应研究［J］. 管理世界，2021，37（8）：105.

二、以农业信托模式统筹城乡协调发展

信托业作为金融体系中最重要的组成部分之一，当然也完全能够依靠信托特有的制度优势，在农村经济的发展中发挥重要作用。面对这一历史使命，信托业可以从以下两个方面入手：

第一，信托公司可以根据不同农村地区的实际情况，利用信托工具和自身特点，有针对性地开发出与新时期农村情况相结合的信托产品，利用“金融创新、信托下乡”助推农村经济社会发展，在实现社会主义新农村建设的战略目标中发挥不可或缺的作用。例如，在村镇规划建设方面，由于经济发展水平等的影响，农村宅基地使用混乱、村镇建设缺乏规划等问题由来已久，如果由信托公司担任受托人，发展农民集资建房，再辅以信托产品，就可以有效解决这一历史性难题，在改善农民居住环境和生活条件的基础上树立新农村的形象。另外，利用信托方式统一采购农用物资和农业机械、引进农业技术，甚至统一销售农产品，都可以在规模化经营的基础上有效降低交易成本和控制风险，有利于农村从小农经济向现代化、规模化农业经济转化。同理，农村合作医疗保险资金也可以通过信托工具和信托产品保值增值，有利于缓解当前农村合作医疗资金不足的问题。

第二，信托公司可以与农村金融机构如农村信用社体系，进行各种类型的银信合作，也可以通过投资入股，通过收购、兼并、重组等多种方式参与到农村金融体系的建设中去。同时，信托公司还可以作为农村金融机构的财务顾问为其提供多种服务。例如，在重建、重组等关键时段积极介入，提供投资银行等专业服务，充分利用自身各种资源特别是人才资源，充分发挥信托制度的优势，提供其他投行机构无法提供的投行与信托组合产品。在今后，信托公司可以为出于历史原因而存在不同程度经营问题的许多农村金融机构，提供改善智力结构和提高管理技术方面的顾问服务，以及为农村金融机构引入外部战略投资者等需求提供咨询服务等。

三、以企业年金信托模式完善社会保障体系

首先，信托是企业年金的管理方式之一，信托制度中委托人、受托人和受益人之间定型化和法律化的权利、义务和责任关系，能以其严密的法律制度安排和独特的组织结构设计，充分保障受益人的利益，确保年金安全运作，促进年金的保值增值。信托的特点，是把企业委托的年金作为一个单独的资产来运作，即使企业破产了，企业年金由于不属于企业的资产，也不会受到清算。

其次，委托人把企业年金委托给信托公司管理，当然也对收益提出了一定要求。一般来说，委托人对信托公司的要求是收益率高于银行利率，但风险还要很低。这个要求对信托公司而言，难度并不算很高。比如，有的信托公司将年金信托项目资金的80%投资于债券市场，包括国债、企业债和可转债等，把投资风险降到最低程度；剩下20%投资于股票市场，并严格规定投资股票的种类和仓位。当然信托公司要收取管理费，托管费和管理费两项费率在1.5%左右。多数年金信托项目运作都比较成功。

四、规范信托监管方式，最大限度发挥信托效能

信托业的发展要遵循自身规律与产品特性，更要顺应经济社会发展路径，不能为了发展而发展，更不能为了发展而不计后果，这只会促成信托业的又一次整顿。因此，对于信托业在我国的发展，应注重以下五点：

（一）重塑信托理念，规范信托公司监管

社会的关注及信托法的颁布与实施并非信托业获得新生的关键条件，监管部门及信托当事人对中国信托法中信托原理的基本精神与理念的理解才是最为重要的。因此，我们必须重塑信托理念。

同时随着信托业务的开展，我国也要建立健全的法律体系、科学的监管主体组织结构，并严格依法监管。在信托业的发展及其业务中，信息失灵可以表现为信息不完全，又有可能表现为信息供应不充分，还有可能是有人故意隐瞒事实或提供虚假信息，这种信息的不完备性和不对称性构成了信托业监管的主要原因。一方面，信托体系中信息不完备和信息不对称现象突出地增加了交易成本，减少了交易量；另一方面，得到完备信息的高额成本往往使资产需求方望而却步，使其减少了对资产的需求，造成了金融资源的浪费。因此，正是从这一命题出发，信托业监管的真正使命在于消除监管者与被监管者之间、被监管者与投资者之间，以及监管者与公众之间的信息不对称因素，要以信托立法和严格执法来保证信息流通环节的畅通、信息传播的速度及确立信息的认证程序等。

（二）完善信托法治，加快配套制度建设

中国信托业发展40多年来，信托法规不断完善，而法规多集中于垂直行政管理层面，真正涉及市场机制调整、信托自身模式完善的内容少之又少。首先，这造成信托业限制众多，无法充分发挥其应有的职能。其次，由于缺乏对关联交易、风险披露的具体指引，使得信托实施过程中存在人为操作因素，对市场及投资者的资金形成风险。再次，信托业面临的风险众多，怎样确保投资

者、客户与受益人的资金流动性保持充裕，怎样有理、有利、有节地推进信托项目进度等，这些都是值得思考的内容。最后，如今信托与银行、证券等其他金融行业的联系日益紧密，而配套的规章制度则存在缺失。因此，丰富对信托多元化业务进行规范的法规是刻不容缓的一项工作。一方面，人们要明确信托财产所有权，对信托财产的法律价值与功能加以判定，重新认识信托财产权的构造；另一方面，《中华人民共和国民法典》对所有权和用益物权做出了明确界定，使得信托财产登记具有可操作性。只有加紧制定对信托业务进行规范的法律，信托业才能满足社会对多元化金融产品和服务的需要，才能使其自身不断发展与成熟。

（三）减免信托税收，促进社会公益开展

在私人股权投资信托业务中，信托公司作为受托人拥有信托财产的名义所有权，受益人拥有信托财产的真正所有权，受托人和受益人对信托财产的双重所有权会引发重复征税的问题。目前，国内对于资金信托业务的税收问题尚未明确，但从事股权投资的不动产信托业务，则可能面临重复缴纳印花税和所得税的问题。此外，私人股权投资信托不能享受到相关的税收优惠政策，这无疑对信托业的发展形成不小冲击。试想信托业历经多次整顿，如今不但银信合作被全面叫停，信托业受法规多重限制，甚至存在双重纳税问题，这使得信托业失去了其应有的对于经济结构调整的作用。对于征税主体而言，征税无非用人民的钱达到促进民生、共享和谐的目的，而信托公司正可以利用自身融资优势奉献社会公益，通过集中众多闲散资金，将落后产能资金同时投入新兴产业，增加就业岗位，使人民安居乐业。

（四）加强诚信建设，构筑社会信用体系

信托制度是“受人之托”，信用在信托中有着较高地位，说信托建立于人与人之间的诚信之上并不为过，只是就目前的情况而言，仍需相关法律法规保障这种信用关系。一方面，信用的内涵和外延是信托业发展壮大的源头，可以说信用是社会发展兴盛、不断壮大的基础；另一方面，信托源于信用，又反作用于社会信用体系。信托业对信用有很高的要求，一切信托行为都是建立在信任基础之上的，因此信托业的发展不但能够填补金融体系的空白，同时在社会文化层面，还有助于构筑社会信用体系，促进人民和睦相处。

（五）增强自主管理，拓展信托创新空间

主动管理类信托是指信托公司作为受托人，在信托管理过程中发挥主导性作用，在尽职调查、产品设计、项目决策和后期管理等方面发挥决定性作用，并承担主要管理责任的营业性信托业务。从目前的情况来看，信托公司自主管理能力主要体现在集合信托业务当中。可喜的是，通过对比最近几年信托业务规模的统计数据，我们发现，不仅信托资产总规模在增长，集合信托产品的规模也在增长，这有利于信托公司在做大的同时做强，提高自主管理能力。相信随着信托业相关法律法规的健全和全面实施，信托公司以往的经营发展模式将进一步得到优化；而随着信托公司自主管理能力的增强，信托公司的盈利模式也将在未来有一个较大的改观。

第五章　经济结构发展与数字经济测度和模式构建实践研究

第一节　数字经济规模统计概述

一、数字经济的定义

数字经济被越来越多的人所提及，但当今学术界没有给出一个各方都认同的定义。美国国家经济研究局认为，数字经济一方面包括电子商务，另一方面还包含信息通信产业。在其看来，数字经济的定义就是电子商务和支持电子商务运行的信息通信产业，电子商务是一种交易方式，而信息通信产业是对电子商务的技术支撑。后来美国政府也细化了数字经济的范围，并且对各个范围都给出了详细的解释。美国人口统计局也详细地表述了数字经济的定义，把数字经济分成基础设施建设、电子商务的运行流程，以及在线销售商品和服务三部分。

日本数字经济监测中心认为，数字经济就是广泛的电子商务，这种经济模式没有人员、土地等物理变化，而利用数字手段进行交易、支付及资金转移，信息通信技术作为基础将迅速崛起，数字化产品将迅速进入人们的生产生活之中。

英国技术战略委员会认为，数字经济就是通过人与数字技术融合而产生的经济，具体包括数字技术、数字机器，以及生产中间环节的数字服务等各种数字投入所带来的经济产出。

俄罗斯数字经济研究委员会认为，数字经济的目的就是改善人民日常生活，提高国家实力，数字经济是使用数字手段来优化管理、产业等各种经济活动的总和。

中国工信部给出了“以使用数字化的知识和信息作为关键生产要素、以现代化信息网络作为重要载体”的数字经济的定义。2016 年举办的 G20（二十国集团）峰会，将数字经济定义为：将现代信息网络作为重要载体，将数字化知识与信息作为关键生产要素，将信息通信技术的有效应用作为效率提升与经济结构优化的重要推动力的一系列经济活动。2018 年的中国信息化百人会发表了《中国数字经济发展报告》，将数字经济定义为利用数据资源开发而诞生的经济之和，数据资源的开发包含数据的产生、收集、整理、运输、传递、使用等过程。

本书在目前研究结果的基础之上，结合中国数字经济发展的特点和趋势，将数字经济定义为：数字经济是以信息和通信技术为基础，以信息网络为依托，利用互联网与数字化技术，实现的经济活动总和。数字经济以数字化生产关键要素取代土地、劳动力等传统生产要素，将各领域传统产业向数字经济产业转型，改变各行各业的业务流程、消费与支付方式。数字经济的发展深刻地影响着我国的经济结构，对数字经济发展的引导可以为经济结构优化提供支撑。

二、数字经济的特征

数字经济的发展主要表现出以下特征：

第一，数据成为驱动经济发展的关键性生产要素，随着数字技术的迅速发展，数据量呈指数式增长。庞大的数据量诞生了大数据的概念，数据成为日益重要的战略资产，成为新时代最关键的生产要素。

第二，数字经济基础设施建设越来越重要。在工业经济时代，基础设施建设主要集中体现为以铁路、公路、机场等为代表的物理基础设施建设。随着数字时代的到来，基础设施建设的概念变得更广，既包括宽带、无线网络等信息基础设施建设，又包括对传统物理基础设施的数字化改造等。我们要推动以“砖和水泥”为代表的基础设施建设转型为以“光和芯片”为代表的数字时代的基础设施建设。

第三，数字素养成为数字时代的新需求。在农业与工业时代，对大多数消费者的文化素养基本没有要求，对劳动者的文化素养虽然有一定的要求，但是仅限于部分职业与岗位。然而，在当今的数字经济时代，数字素养对消费者和劳动者都是非常重要的。随着数字技术向各行各业的渗透，劳动者需要掌握双重技能——数字技能和专业技能。但是，各国普遍存在专业人才不足的现象，具有较高的数字素养的人才将备受青睐。对于消费者来说，没有基本的数字素养，可能无法享受数字化的产品和服务，而成为数字时代的“文盲”。

第四，互联网的迅速发展，使供应商与消费者能够打破空间的限制，实现直接对话。例如，淘宝、拼多多等电商平台，省去了中间商环节，使供应商和消费者互利共赢。同时，网络中介交易平台也大量出现，网络中介交易平台整合各种信息，使交易内容、主体、效率等多个方面都与传统的中介交易机构不同，极大地降低了交易成本和避免了交易风险。

第五，数字经济促进中国产业结构升级。数字经济的发展能够改变传统产业的生产方式，提高资源使用率及劳动生产率，使传统产业实现数字化、智能化生产。数字经济也能够改变产业的组织方式，有效激发企业的创新能力，给企业带来更多的商机，有助于传统产业改革。数字经济也对中国三次产业产生了重要影响。在农业方面：一方面，数字经济产业能够为农业提供有效的信息，能够把生产要素紧密结合起来，提高资源的使用率；另一方面，数字经济产业能够把数字技术融合于农业生产经营的过程之中，提高农业数字化、现代化水平，实现农业的升级转型。在工业方面：数字经济产业与工业跨界融合，既能提高工业生产设计的技术水平，提高能源使用效率，又能够利用大数据分析市场变化情况，实现工业转型升级。在服务业方面：服务业是数字经济产业最活跃的领域，随着中国信息技术的不断创新与发展，数字经济产业与服务业深度融合，陆续产生新业态与新模式；深化服务业的数字技术，可以丰富服务业的内容，并且能够实现线上线下一体化流程，实现服务业对市场需求的快速供给，全方位满足客户的需求，实现服务业升级。

三、中国数字经济的广义定义

数字经济的两个重要特征是数据成为最核心的生产要素，数据要素驱动传统生产要素进行数字化转型。传统要素的数字化转型主要体现在以下三个方面：①劳动要素数字化转型体现在生产者要具备数字素养，掌握信息知识，熟练使用数字设备和各种操作系统、软件等；②资本要素数字化转型体现在 ICT（信息与通信技术）设备、数据中心等，数字化改造后的传统基础设施成为新型基础设施；③技术要素数字化转型体现为大数据、云计算、物联网等数字技术，成为产出增加、效率提升和经济结构优化的重要手段①。

数据要素及传统生产要素的数字化转型为数据应用和数字技术的实现提供了支撑。广义定义更具有包容性和前瞻性，更适应数字经济快速变化的特征，

---

① 吴翌琳，王天琪. 数字经济的统计界定和产业分类研究［J］. 统计研究，2021，38（6）：20-21.

其定义内涵可以随着新产业、新业态、新商业模式的出现而相应拓展。因此，本书对数字经济进行广义定义的界定：数字经济是以实现数据应用和数据技术为目的，以数据为核心生产要素，依靠数字技术进行货物和服务生产的一系列经济活动。其中，数据指数字化的一切数字、文字、图片、知识、信息和创意等。

第二节　数字经济规模统计测度方法研究

一、对已有的数字经济规模测度方法的评介

（一）国外测度方法

1. BEA（美国商务部经济分析局）的测度方法

2018 年，在美国商务部国家电信和信息管理局（NTIA）的支持下，美国商务部经济分析局估算了数字经济规模，估算过程包括三个主要步骤：

第一步，界定数字经济：①数字化基础设施；②电子商务；③数字媒体。第二步，借助国际标准行业分类将 ICT 产业部门分为计算机和电子产品制造等九大类，并利用 NAICS（北美产业分类体系）的框架将与数字经济有关的商品和服务纳入供应-使用表中。第三步，衡量数字经济的增加值和总产出：一是根据供应表，得出上述数字商品和服务在美国所有行业中的总产量，并获得每个行业生产各种数字产品的总产量与该行业总产量的比率；二是将每个产业因生产数字产品产生的中间消耗占总产出的比率乘以该产业的增加值，以此作为该产业生产数字产品所产生的增加值；三是将该增加值乘以不变价格指数得到不变价总产出和增加值。

2. OECD（经济合作与发展组织）的测度方法

2001 年，OECD 在《新经济：超越炒作》中将 ICT 技术视为促进未来几年经济快速发展的重要因素。随后 OECD 连续多年对数字经济进行测度，并发表了《数字经济时代的新工作形式》报告。2014 年，OECD 在《测度数字经济——一个新视角》中从数字经济现状、智能基础设施、赋权社会、创新、提供增长和就业五个方面对数字经济的社会化进行测度。

2018 年，OECD 通过阐述数字经济的附属账户再一次对数字经济规模进行了测度。根据数字交易的特点，OECD 进一步定义了数字经济的主体和对象，并初步构建了可以独立核算的数字经济附属账户框架，其中行业类别分为数字化行业、数字中介平台、电子零售业、其他数字行业、依赖中介平台的行业及

其他行业；数字产品和服务分为ICT和非ICT产品的数字订购、收费的数字中介服务产品和数字服务、收费的非数字服务和免费的数字服务。

在测度过程中，OECD认为数字订购是通过接收或下订单的方法在网络上进行的商品或服务的买卖，促成平台是通过中介平台促进中介的点对点交易或服务。对于平台中的隐性服务支付，OECD将消费者所支付的价格视为中间服务所收取的价格，然后将中间消费视为中间人所收取的费用；数字交付则是指下载数字服务、信息或数据过程中所产生的数据流量。具体的测度从以下两个方面展开：第一，广告融资。它用于将“免费”经济的交易过程虚拟化，假设该交易有所属部门，将投入产出表进行虚拟处理，这样才能更清晰地展现出该部分在执行“免费”经济后的服务生产活动。第二，数据支持。它用于将数据划分为个人数据和使用数据两类，根据各个类型的特征和使用范围对数据的价值进行估计。

3. BI（美国布鲁金斯学会）的测度方法

2020年1月，美国布鲁金斯学会的哈钦斯财政与货币政策中心提出了将“消费者剩余”作为衡量数字经济的指标，并且称其为新指标GDP-B。目前，人们所使用的许多互联网服务都是免费的，在很大程度上未被计入GDP等经济活动衡量指标。因为数字产品通常对用户免费，所以它们对福祉的贡献被排除在GDP之外。随着数字经济的发展，GDP与实际福祉之间的差距日益明显。作为一种补充GDP的方式，GDP-B可以获取新产品和免费产品的福利收益，这对从新的角度评估数字产品和服务带给人类的经济福祉及研究中国数字经济规模至关重要。

4. IMF（国际货币基金组织）的测度方法

国际货币基金组织统计部撰写的《衡量数字经济》将“数字部门”与日益数字化的现代经济（通常称为“数字经济”）区分开来，并着重于对数字部门的度量。其中数字部门具体涵盖数字产品和服务、在线平台及基于平台的活动。对于在宏观经济和金融统计中衡量数字经济，IMF提出了自己的建议。

第一，质量调整和价格指数的编制。从理论上讲，质量的提高代表实际产出的增加，而为了防止在计算产品指数时将质量变化误认为是价格变化，在测度过程中须参考其他国家的经验，对主要数字产品的价格进行质量调整，更为准确地测量数字产品的价格指数。除此之外，在数据来源的识别、数据收集等方面也需要进行创新，以便在新的数字经济产品出现时及时将其纳入。

第二，统计核算的挑战。首先，电子商务是数字经济核算过程中不可或缺的部分，越来越多的个人、企业或组织选择在互联网上进行商品或服务的交易，而在线价格可能更低，CPI（消费者价格指数）可能无法统计到由线上购物而导致的平均支付价格的下降，致使电子商务价格在 CPI 和 PPI（生产者价格指数）中无法确定。其次，IMF 认为，如果共享经济中的替代产品可以替代原始产品（如 Uber 替代出租车），那么共享经济应包括在 CPI 中，其权重则由它们在消费者支出模式中的重要程度来决定。最后，由于在线平台行业的快速发展，IMF 建议国际标准至少每 5 年更新一次国民账户基准年。

5. BCG（波士顿咨询公司）的测度方法

2011 年，e-GDP 的概念在法国戛纳举行的 G20 峰会上首次被波士顿咨询公司提出。e-GDP 采用支出法评估所有与数字设备创造生产、服务提供和应用相关联的活动，以此来测度数字经济规模，具体包括：第一，消费支出；第二，个人 ICT 投资支出；第三，政府 ICT 支出；第四，ICT 设备出口净值；第五，中国数字经济形态的其他要素。

（二）国内测度方法

1. 中国信息通信研究院的测度方法

根据中国信息通信研究院先前的研究，数字经济已经从“两化”（数字产业化、产业数字化）发展为“三化”（数字产业化、产业数字化、数字化治理），然后扩展到“四化”（数字产业化、产业数字化、数字化治理、数据价值化）。但考虑到数据的可用性、核算方法的局限性等，中国信息通信研究院对于数字经济规模的实际测度仍停留在“两化”阶段，即将数字经济分为“数字产业化”部分（信息通信产业的直接贡献）和“产业数字化”部分（信息通信产业的间接贡献）。其中“数字产业化”部分具体包括电子信息制造业、信息通信服务业和软件业增加值之和；“产业数字化”部分主要是指数字技术应用于非数字经济行业所产生的经济效益，具体采用增长核算框架模型把非数字经济产业中数字技术的贡献部分剥离出来，得到“产业数字化”部分的规模。

其中，“产业数字化”部分具体核算过程为以下五步：第一，将我国的 ICT 投资分为计算机、通信设备和软件三大类。第二，根据投入产出表年度固定资产形成总额，结合 ICT 产值内部需求数据，计算出 ICT 投资额。非 ICT 投入、劳动投入可根据各年统计年鉴计算得出。第三，根据美国的 ICT 价格指数，对价格差进行指数平滑回归，从而估算出中国的 ICT 价格指数。第四，考虑使用年限及折旧率等因素，将 ICT 资本存量作为增长核算框架模型中的数字投入部分。非 ICT 投入与劳动投入做法相同。第五，通过增长核算框架模型估算出数字投入对 GDP 的贡献度，以此作为“产业数字化”部分的增加值。

2. 腾讯研究院的测度方法

相比于中国信息通信研究院的测度方法，腾讯研究院通过建立“互联网+”指数来衡量数字经济。与前者不同的是，该指数测度的是数字经济每增长一个百分点对于国家 GDP 和就业所产生的贡献程度。

2017 年腾讯研究院将“互联网+”数字经济总指数分为基础、产业、双创（创新创业）和智慧民生四个部分进行计算，该指数可以直观反映 2016 年全国 31 个省（自治区、直辖市）以及全国 351 个城市的数字经济发展水平。“互联网+”数字经济指数具体包括以下内容：

基础分指数主要分为市场基础和技术基础两个方面。市场基础具体包括 31 个二级指标，包括微信、移动 QQ、数字内容产品和云计算平台；技术基础包括云消耗、CVM（虚拟化管理系统）内核、IDC（互联网数据中心）带宽和 CDB（常量数据库）存储 4 个二级指标。除了在公众号功能、移动支付方面选取指标外，产业分指数还在零售、餐饮、旅游、交通、生活等重点行业加入行业领先的互联网公司的数据指标，总计由 26 个二级指标汇总而成。双创分指数由有效创业项目数和 App 数量构成。App（应用程序）通常是指智能终端的第三方应用程序，是移动互联网产品和服务的主要体现。有效的创业项目是指同时满足“拥有专职工作组”和“拥有实际产品”两个条件的创业项目，可以直接反映当地创业集团的活动、创业热情和创业能力。智慧民生分指数主要反映社会治理和数字鸿沟的消弭程度，具体包含服务项目价值分、服务质量星级分、月活跃用户数、用户回流率、用户满意度、重点行业丰富度 6 个一级指标。

2018 年，腾讯研究院对该指数进行了改进，具体如下：

数字文化与去年相比，数字经济部分融合了基础分指数以及产业分指数的微信公众号和移动支付方面，共计 36 个指标；将智慧民生分指数改为数字政务部分，共 6 个一级指标；产业分指数的其余部分改为数字生活部分，共计 23 个指标；新增数字生活部分，由新闻评论量、新闻点击量、视频点击量、游戏次数及游戏时长 5 个指标构成。

（三）测度方法对比分析

数字经济规模统计测度方法大体上可以分为两类：指数测度方法和计量模型测度方法。为了后续研究方便，本书对主要数字经济规模测度方法进行了优缺点的比较，如表 5-1、表 5-2 和表 5-3 所示。

表 5-1　数字经济规模统计测度方法比较

<table>
<tr><th rowspan="3">内容</th><th colspan="7">测度方法类型</th></tr>
<tr><th colspan="3">指数测度方法</th><th colspan="4">计量模型测度方法</th></tr>
<tr><th>“互联网+”指数</th><th>e-GDP</th><th>GDP-B</th><th>数字经济附属账户</th><th>增长核算框架模型</th><th>供应-使用表</th><th>数字部门法</th></tr>
<tr><td>优势</td><td colspan="3">（1）计算简单，操作性强
（2）从数字经济的各个方面构建指标体系，能较全面地反映数字经济发展的程度
（3）可以反映横向或纵向差别</td><td colspan="4">（1）根据经济理论建立模型，理论与实践相结合，思路明确，更具科学性
（2）数据容易获取，计算方法简单
（3）不仅能够测度数字经济规模，而且能明确影响数字经济的因素</td></tr>
<tr><td>不足</td><td colspan="3">（1）指标选取不全面，对指标的依赖性强，具有一定的主观性
（2）权重设置方法不同所得出的权重也不同，计算过程中可能产生较大误差
（3）微观指标数据获取难度大</td><td colspan="4">（1）容易忽略实证研究的理论基础，有些假设可能不切实际，引起误差
（2）数据不全面，缺失年份数据的补缺方法的不同可能会引起测度结果的不同
（3）经济问题中难以量化的因素没有统一的解决方法</td></tr>
</table>

表 5-2　指数测度方法比较

内容	指数测度方法		
	“互联网+”指数	e-GDP	GDP-B
优势	所选指标涵盖全面且符合时代发展的要求，数据质量高、更具针对性，具有较高的参考价值	可以更好地将数字经济所属部分从总产出中分离出来，以便更清晰地体现出数字经济是如何对经济产生贡献的	通过评估消费者剩余，来衡量数字产品和服务给人类带来的经济福祉
不足	增加值规模与增量容易混淆，产生较大误差	只测算互联网相关的消费、投资和净出口，而没有考虑效率提升带来的价值	角度虽新颖但太过单一，无法全面地衡量数字经济规模

表 5-3 计量模型测度方法比较

内容	计量模型测度方法			
	数字经济附属账户	增长核算框架模型	供应-使用表	数字部门法
优势	能够及时补充现有核算体系未包含的数字经济相关经济活动，并且可以对其进行单独核算	衡量数字经济中"细分的工业部门"的增加值更为容易，可以在分析数字投入的贡献中提供更多的视角，并通过增量贡献更清晰地显示数字经济的发展总规模与国民经济的关系	采用相对狭义的内涵界定，利用供给-使用表将数字经济产业和产品层面的增加值一并测算，使数字经济的测算更为精确	在构建平减指数时，能够对数字产品价格进行调整，及时纳入新的数字产品和服务，加强收集在线平台提供的跨境服务信息，通过新的数字渠道（如移动货币汇款）估计国际支付额，以确保数字经济增加值不会被低估
不足	体系设计和核算方法不够完善，数字经济产品和产业的分类标准不够规范，数据获取较难	拘泥于传统行业的分类，需根据数字经济的动态发展对行业分类不断进行创新	测算方法和数据更新慢，不能完全反映数字经济的现状，P2P 交易不够精确，模糊了生产者和消费者的界限	狭义的"数字部门"测算所需要的数据和资源难以获取，对统计能力的要求较高，与"数字经济"测算存在一定差异，不足以全面反映数字经济规模

二、数字经济规模统计测度方法

本书将中国数字经济总规模划分为"数字产业化"部分和"产业数字化"部分并进行测度，即中国数字经济总规模=数字产业化部分规模+产业数字化部分规模。

（一）数字产业化部分的测度方法

根据前文中的数字经济产业分类，我们可将数字经济产业化部分划分为数字经济基础设施和数字经济服务两部分，即

数字产业化部分规模=数字经济基础设施规模+数字经济服务规模

数字产业存在高度的融合性，在我国国民经济的各行业中基本都能找到数字经济的身影。又因为我国尚未对数字经济产业做出标准的规定，所以我们只能充分利用现有的文献资料，结合《国民经济行业分类》（GB/T 4754-2017）将数字产业分离出来，其中有些产业所有组成部分均属于数字经济产业，称为"完全数字经济产业"；而有些产业只有一部分属于数字经济产业，称为"非完全数字经济产业"。对于"完全数字经济产业"可从投入产出表中直接得到

数据，而“非完全数字经济产业”要先通过确定分离系数，然后计算出其中数字经济所包含的部分，从而得到相应数据。其中，分离系数

$$i\text{部门分离系统}\mu_i = \frac{i\text{部门属于数字产业的值}}{i\text{部门相应的总额}}$$

通过对相关文献的参考，本书主要采取以下两种方法获得分离系数①：

1. 直接分离法

直接分离法将投入产出表中的“完全数字经济产业”的增加值完全作为数字经济产业增加值，即 $\mu_t = 1$。

2. 比例因子漂移法

假定投入产出表中部门所包括的范围由多个行业（中类）组成，其中每个行业又包含了若干细分部分（小类），即 i 部门 = $\{\text{行业}\}_1^{ni}$，行业 = $\{\text{细类}\}_1^{m_{ni}}$，n_i 和 m_{ni} 均为非负整数。同样假定相应的数字产业中包含若干行业（中类），每个行业又由多个细分部分（小类）组成。设产业中的某行业占 m_{ni} 类中的 $K_{m_{ni}}$ 种，则 i 部门的分离系数为

$$\overline{\mu_i} = \frac{K_{m_{ni}}}{n_i m_{ni}}$$

鉴于本书所涉及的数字经济产业分类，进一步考虑到我国统计数据的可获得性及实际可操作性，本书针对不同的数字产业采取不同的分离方法。对于“完全数字经济产业”来说，直接分离法最准确且简便易操作；对于部分属于数字产业的部门（非完全数字经济产业）则采取比例因子漂移法。

数字技术应用于传统行业中时产生的增加值，在生产法下都被归为该产业的增加值。生产法可以较为容易地衡量数字经济中“细分的工业部门”的增加值，包括传统的 ICT 制造、ICT 服务行业和源自 ICT 的新兴工业部门。这些部门的划分比较明确，确定了产业界限后就可以准确计算出增加值。

（二）产业数字化部分的测度方法

对于“产业数字化”部分的测度，本书具体核算思路是从传统各产业的增加值中剥离出数字经济的贡献度。在剥离过程中，本书借鉴“先贡献后规模”的思路，通过增长核算账户框架（KLEMS）模型将 GDP 增长分解为数字经济资本要素增长、非数字经济资本要素增长和劳动要素增长三部分，先计算各部分对 GDP 增长的贡献，后测算中国数字经济产业数字化部分的总规模。增长核算理论主要是基于“增长余值”（又称为全要素生产率增长率）的方法

① 孙娜，刘伟. 分离某信息产业相应数据若干方法的讨论［J］. 吉林省经济管理干部学院学报，2002（6）：21-22.

而发展出来的，在社会核算体系中，始终存在这样一个定论，每个核算期内投入价值与产出价值相等的关系式为：

$$q^{Y}=q_1^{Y_1}+q_2^{Y_2}+\cdots+q_m^{Y_m}=p_1^{X_1}+p_2^{X_2}+\cdots+p_n^{X_n}=p^{X}$$

其中，m 代表全社会有 m 种产出，n 代表全社会有 n 种投入要素，Y、q 分别表示产出的数量和价格，X、p 分别表示投入的数量和价格。

总体来看，数字经济资本要素的测算思路大概如下：首先，当期的资本是过去多个投资期的结果，在确定投资序列之后，通过价格指数来计算不变价投资序列（不受时间影响的投资序列）；其次，通过退役模式和年龄效率模式进行校准，将给定资本存量总额转化为生产性资本存量；最后，计算资本服务的价格，将所求得的生产性资本存量转换为资本服务价值。未来收益决定资产价值的现值，在某个时刻，资产在其使用寿命内提供的资本服务的现值之和就是该资产当时的价值。相反，人们可以通过确定年度资产价值、价格变化、资产折旧率等因素来计算当前使用资产的成本，也就是资本服务的价格。

第三节 "5ABCD+"模式构建及保障研究

一、"5ABCD+"发展模式条件分析

5=5G（第五代通信技术）、A=AI（人工智能技术）、B=Block Chain（区块链技术）、C=Cloud（云计算技术）、D=Date（海量大数据）。

（一）互联网的普及

通过2016年发布的G20成员网络普及率对比，笔者得出以下结论：网络普及率排名第一的是日本，而排名最低的是印度尼西亚。通过数据很直观地可以看出发达国家与欠发达国家之间网络普及率的差距在不断缩小，G20成员互联网平均普及率均超过69%，普遍高于全球平均水平。然而，发达国家在普及率上升过程中出现了瓶颈与障碍，新兴国家和欠发达国家仍有较大的上升空间。印度互联网用户增长的后发优势已经显现，成为二十国集团国家互联网用户增长最快、市场潜力巨大的国家。由此不难看出，数字技术的快速普及与应用给欠发达国家或发展中国家的快速追赶提供了可能性。

2021年互联网趋势报告显示，全球互联网用户增长稳定，但增速明显减慢，目前全球互联网接入人数达38亿人，已经超过全球半数人口。中国接入互联网人数达9.89亿，占全球网民的三成。从中国互联网用户年龄结构上来看，40~49岁人口在网络使用用户中的比例快速提升，与10~19岁人口占网

民比例的差距不断缩小；2017年60岁及以上人口仅占网民比例的2.2%，而到了2018年这个数字上升到6.6%。由此可见，互联网普及率的提升致使用户范围也在扩大，而互联网用户范围的不断扩大恰恰是数字技术普适性的最好证明。所以发展数字经济的不仅是发达国家，欠发达国家或发展中国家也可从中获利，发达地区与欠发达地区也都可从中获益。数字产品的使用也不再是年轻人的专利，中国互联网用户年龄层的丰富与扩大预示着更多的人口将会参与到数字经济活动中来。

（二）5G时代的开启

数字通信技术的不断升级，加快了万物的互联。1G时代，通信采用的是传统模拟信号的传输，时刻面临着安全性及干扰问题等，且当时各个国家制定的通信标准不一致，直接导致通信难以全球化。随后发展出来的2G由传统的模拟调制信号升级至数字调制信号，因数字信号的出现，移动手机实现上网功能，但传输速率很不理想，每秒只有10~15 kb。随着人们经济生活的丰富，在移动终端的普及下，人们对于网络传输速率的要求也越来越高。因为2G的网速无法满足大量图片及视频的传输，于是3G、4G也相继应运而生，前者将信息传输速率提升了一个等级，并逐渐使登陆互联网成为移动终端的重要功能，移动互联网的概念也是在这个背景下产生的。后者的出现和普及，是为了满足用户对于高速移动互联网的需求，与上一代技术相比有了大幅提高。但随着ICT行业的快速发展，移动用户量出现爆发式增长，以及物联网等设备的登场，未来数据流量必然会呈爆发指数级增长。目前日常上网所需流量虽然不算高，但如今在线音乐、视频、游戏等，以目前的网络承载传输能力将无法完成。为从根本上解决运营商提供能力不足与使用需求增长的矛盾，5G应运而生，并身兼重任。

5G网络具有三个特点。一是带宽大。下行峰值速率可达20 Gbps，上行峰值速率可达10 Gbps。随着互联网的飞速发展，用户的体验将大大提升。5G时代可以推广对网络速度要求高的业务。比如云+虚拟现实的项目，关注度有增无减，目前的4G网络速度还不足以实现即时交互，仍然需要购买昂贵的设备来体验虚拟现实。但依靠5G的高速率，云+虚拟现实或许能够实现健康良好的发展。二是延时低，5G在高速移动场景中支持最小延迟为1毫秒、可靠性为99.999%的连接。超低的延时为远程医疗、智能制造及无人驾驶等场景带来了无限可能。三是连接数量大，5G将在标准范围内连接更足量的物联设备。5G网络不仅能够让个人用户、企业用户和工业智能设备单独使用，还可以将三者相互连接起来，实现人类与万物的智能互联。5G将会以每平方千米的巨量连接容量和多种接入方式来实现精确控制的目的。

（三）人工智能的进化

利用机器不断地感知和模拟人类的思维过程的技术被称为人工智能，它使机器能够达到甚至超越人类智力，并帮助处理人类无法处理的难题。在人工智能诞生60年来，各界专家和研究人员进行了大量的探索和实践，人工智能的发展也并非一帆风顺。该技术于1956年夏天在达特茅斯学院举行的一次学术会议上被提出，这标志着人工智能科学的正式诞生。从1956年到20世纪60年代初，机器定理证明、跳棋程序等研究的成功极大地提高了人们对人工智能的关注。然而，在接下来的10年里，对人工智能的过分追求和期望也导致太多不切实际的研发目标，浪费了大量的资金和人才。比如，用机器来证明功能问题，依靠机器进行实时翻译等，随着科技的发展与社会的需求逐渐脱节，这些项目也就自然而然地失败了，这些失败也使得人工智能的发展陷入困境。20世纪70年代，人工智能才得以从理论研究走向实际应用，通过进化后的系统模拟人类的专业知识和经验，解决特定领域的问题。也就是从此刻起，人工智能被赋予了一定价值。

随着技术的不断进步，如今人工智能在算法、数据挖掘和算力三个方面都得到了大幅度提高。专家系统及算法的进化也让人工智能完成了如远程手术、无人驾驶等高精度工作，目前人工智能专家系统可以根据不同行业的需要进行不同领域的深度学习。人工智能技术的发展正驱动着产业内劳动力、工作方式及工作组织形式等多方面的变革。首先，人工智能能够通过辅助人类活动有效降低工作门槛，实现工作方式的智能化变革。其次，人工智能能够更稳定而高效地完成任务，能够胜任部分人类工作，实现劳动力的智能化变革。最后，通过突破人类思维，人工智能能够创造新的流程、方法或产品，实现工作组织形式和应用方式的智能化变革。

（四）区块链带来的信任

目前，区块链已创造出新的计算范式和协作模式，使用者能在不可信竞争环境下以最低成本（边际效用趋于0）建立信任。它以其独特的信任构建机制，实现了信任的渗透监督和逐步传递。因为区块链技术是由多方共同维护的账本技术，使用密码学来保证传输和访问的安全性，能够实现数据存储的一致性、不易被篡改、不可抵赖，又被称为分布式账本技术。典型的区块链技术是将数据存储在分布式数据库中，所有的数据均按时间顺序端到端地连接起来存储于该网络上的所有节点内，这样数据就不会被篡改，并且可以追溯到源。作为在不可信的市场竞争环境中建立低成本信任的新的计算模式和协作模式，区块链正以其独特的信任建立机制和运作规则改变着众多行业的应用场景，是未来数字经济发展和新的信任体系建设不可或缺的技术之一。

随着区块链技术的快速发展、应用普及和基础设施的逐渐完善，未来其在助力数字经济发展方面将成为数字经济的基础设施。根据区块链技术发展历程，人们可以从区块链发展的路径来窥探未来发展的趋势。

1. 区块链 1.0 时代

在区块链应用层创新性地出现了加密数字货币，充分说明区块链进入虚拟货币时代，其中包括虚拟数字货币的支付和流通。在区块链 1.0 时代，区块链技术的主要功能是分布式的虚拟数字货币交易，目的是实现货币的点对点去中心化支付。

2. 区块链 2.0 时代

以太坊的出现让区块链直接跨入了区块链 2.0 时代，它也可以被称为“区块链智能合同时代”。在早期虚拟数字货币的基础上，以太坊创新地将虚拟货币与智能合同相结合，这种方式将会为金融领域提供非常广阔的应用空间和场景。

3. 区块链 3.0 时代

如果区块链 1.0 时代是区块链技术萌芽时期，区块链 2.0 时代是区块链在金融领域的应用期与智能合同技术的应用落地期，那么区块链 3.0 时代就是以解决各行业之间的相互信任和数据安全问题为目标的。在区块链 3.0 时代，区块链可以在金融行业之外的各种应用场景中落地，并且能够满足复杂的业务逻辑。它将被应用于政府、卫生、科学、教育、文化和艺术等领域，以及“区块链+人工智能”。它不再依赖从第三方或某些机构获得信任和建立信用，以实现提高整个社会系统效率的目标。

4. 区块链 4.0 时代

在区块链 4.0 时代，现实物理世界与利用区块链技术实施搭建的虚拟数字世界能够一一对应，能够进行资产交互。通过技术将物流、信息流、资金流贯通，获得区块链线上收到交易款、物理世界线下收到货物的交易效果。区块链 4.0 时代被称为物理世界与虚拟世界长期互促并存的时代，也可以看作实体经济与数字经济共生发展的新纪元。

（五）云计算的高效

云计算概念由 IBM（国际商业机器公司）和 Google（谷歌）于 2006 年联合推出。在近年的发展过程中，云计算从被质疑到成为影响整个商业模式及下一代 IT（互联网技术）行业的标准，已不仅仅是一种技术概念。虽然在发展过程中还有许多不成熟的地方值得探索，但云计算在诞生的头十年就正式成形，并得到了广泛的接受和实践。在数字经济时代，人们正处于一个新的历史阶段，数据将呈现爆炸性的指数增长，人们对计算的需求将大大增加，同时又希望随时随地都能得到想要的数据。这一需求的实现将直接推动云计算成为数字经济时代一个新的信息基础，并支持下一个数字经济发展浪潮，将人类推向数字时代。

中国在云计算的应用方面正从互联网行业向政务、金融、工业等传统行业扩展，这从侧面说明了中国对数字技术的重视日益增强。目前，政务行业是中国云计算应用最成熟的领域之一。全国90%以上的省级行政区和70%以上的市级行政区已经完成政务云平台的搭建。在国家政策引导下，工业云能更好地推动产业现代化建设，各地方政府也开始进入产业云发展规划阶段，积极推动产业云的进步和增长。云计算正逐渐成为政府及企业实现数字化转型的重要信息基础。从政府应用角度来看，云计算除了能够有效减少政府信息孤岛现象外，还能实现数据共享和共治，通过电子政务云平台，可以提高电子政务信息共享效率，扩大政府信息共享覆盖范围，实现全面的政府信息综合管理。依托云平台，有效推广"互联网+"政务服务，能极大地提高政务服务的便捷性。对企业来说，信息化已经成为许多传统企业的短板。云计算可以显著降低企业信息化建设成本，有效降低企业信息化的时间成本和资源成本，逐步颠覆传统行业的IT部署模式，并成为互联网产业发展的增长点①。此外，云计算资源池的共享机制，能够有效帮助企业降低运营成本等。

（六）大数据的扩展

大数据本质上其实是对目前人类无法处理的大规模复杂数据的总称，这些数据是无法通过人类自身来处理和分析的，但可与人工智能配套使用。随着中国数字经济的快速蓬勃发展，一体化应用不断深化，数字经济的数量和质量得到了极大的提高，经济的创新驱动和集成驱动作用效果得到了显著提高。2014年3月"大数据"一词首次被写入政府工作报告，为中国大数据开发的政策环境提供了有力支撑。大数据逐渐成为各级政府和社会各界关注的焦点，中国政府也开始积极出台相关扶持措施，沙盒式的发展模式也为大数据的发展创造了机遇。国务院于2015年8月31日正式发布的《促进大数据发展行动纲要》，是中国正式出台的第一份大数据战略指导文件，其中详细介绍了我国大数据的

---

① 互联网周刊编辑部. 郡州总裁徐逖晟：5G+云+AI数字经济新时代的引擎［J］. 互联网周刊，2021（3）：60.

总体发展情况，包括大数据产业的战略部署，反映了国家一级大数据发展的顶层设计和总体布局。“十三五”规划的发布标志着国家级大数据战略的正式提出，显示了党中央对大数据战略的重视及发展意愿。而后为了给大数据产业发展奠定政策基础，工信部于2016年12月发布了《大数据产业发展规划（2016—2020年）》。随着国内大数据迎来全面良好的发展态势，国家大数据战略也开始进入深入发展阶段。党的十九大报告也提出，要持续推进大数据与实体经济的深度融合，为未来数字经济发展指明方向。随后，2019年3月的政府工作报告中再次提到大数据，并规划了一系列与大数据密切相关的任务细节。自国务院于2015年发布《促进大数据发展行动纲要》，系统部署大数据的开发工作后，中国各地促进大数据产业发展的设计已经基本完成，开始进入实施阶段。

（七）数据的资产化

数据资产的概念是从信息资源和数据资源的概念逐渐演变而来的。在计算机科学快速发展的背景下产生的信息资源，具备了与人力资源、物质资源、财力资源和自然资源同等重要的资源属性。在一个组织中，高效地管理信息资源是非常必要的。数据资源的概念诞生于20世纪90年代，随着政府和企业的数字化转型，它是数据聚合到一定规模后形成的具有一定意义的资源。数据资产是在21世纪初大数据技术兴起的背景下产生的，随着数据管理、数据应用和数字经济的发展而普及。

中国信息通信研究院发布的《数据资产管理实践白皮书4.0》，将数据资产定义为能够为企业带来经济效益并且由企业拥有或控制的以一定方式记录的数据资源。这一概念强调数据的资产特性，期望为数据所有者带来经济利益。随着数据管理技术的变革，企业数据资产的概念边界也在不断扩大。在文件系统的早期阶段，数据以文件的形式存储在磁盘上，数据资产主要指这些存储的文件。在数据库和数据仓库的发展阶段，数据资产主要指结构化数据，包括业务数据和各种分析报告，用于支持企业的运营和高层决策。在数字经济时代，随着分布式存储、分布式计算和各种人工智能技术的应用，结构化数据以外的数据也被纳入数据资产的范围，数据资产的边界扩展到可以覆盖大量的标签数据库、文档、图片、视频和其他一切可被数字化的数字内容。

二、数字经济“5ABCD+”发展模式构建

一般来说，数字经济的可持续发展=5ABCD+实体经济。“5ABCD+”模式下数字经济将快速发展并实现产业拓展，有了良好的硬件基础后，再进行软件

层面的研发与升级，进而提升数字经济的整体规模。

5=5G（第五代通信技术）、A=AI（人工智能技术）、B=Block Chain（区块链技术）、C=Cloud（云计算技术）、D=Date（海量大数据），只有将这些新兴数字技术与实体经济及传统特色产业有机结合，达到深度融合发展，才能有效提升数字经济的发展水平，进而提升整体经济水平。我国应根据社会发展实情和社会需求，实事求是地发展新技术，以新技术、新视角、新理念来重新审视数字经济这个新动能。

在此发展模式中，互联网被作为最底层的传输平台，可在PC（个人电脑）端之间及云端和数据库之间传输数据；而5G作为新一代移动通信技术，除了在移动终端间传输数据外，还在未来数以亿计的物联网传感器与云端之间传递数据。物联网传感器数量指数级增长的同时也带来了海量数据，这个海量数据是多维、立体、实时的。但数据库中的数据还不能被人们直接利用，所以人们要通过人工智能与计算机进行人机交互，让计算机帮助人们在海量复杂的大数据中精准锁定需求数据，进而达到影响决策或数字治理等目的。数字经济正朝着智能化逐步发展，而作为整个数字经济系统的组成基础设施，区块链有着其特殊的意义与作用。未来所有数据将采取分布式的存储结构，并以时间轴为准将所有数据块形成首尾相连的链式结构来传输数据。因为区块链技术的特性，所以数据拥有归属权，也具有唯一性、不可篡改性、可溯源性。

各地应继续在ICT领域增加投资，以完善数字经济基础设施的搭建与升级，一方面加速传统产业的数字化转型，另一方面收集海量数据为新一轮的发展奠定数字资本基础。“5ABCD+”将是未来数字经济发展的新模式，只有将5G、人工智能、区块链、云计算、大数据等新兴数字技术综合配套运用，为数字经济的发展提供良好的软硬件支撑，数字经济才可能趋于实现智能化、自动化及数据资产化。

三、对保障“5ABCD+”发展模式的建议

本书对保障“5ABCD+”发展模式的建议包括以下几个方面：

第一，健全组织保障机制。我国应继续扶持大数据的挖掘与开发公司、大数据应用研究院、数字经济研究院、大数据流通中心、数据交易所等平台机构和大数据专家咨询委员会配套发展和运营，为数字经济发展提供有力支撑；继续完善考核机制，把发展和建设数字经济作为领导考核的内容；要建立规划实施评价体系，通过大数据统计指标体系和统计分析体系，结合第三方评价、社会监督评价等多种方法，科学评价规划实施效果，定期对规划实施情况进行监督和检查。

第二，完善相关法规体系。我国应继续加强政策、监督和法律的协调，加快与数字经济相关的法律法规建设，根据国家有关法律法规，推动地方相关法律法规出台，促进各地数字经济的发展；制定关于数据相关的资源确认、开放、流通和交易等相关制度，继续完善数据产权保护制度；通过不断深化、完善和修订已出台的政策及规划，逐步形成比较完整的适合少数民族地区发展的数字经济发展保障体系。

第三，加强财政金融支持。我国应继续执行促进大数据开发和应用的措施，从而推进数字经济基础设施建设、数据中心开放、资源开发利用，实施融企业经营支持、科技研发支持、企业融资支持、人才引进和人才培养措施于一体的多方面发展，补齐短板。政府可设立特别基金，以支持整合公共信息基础设施和政府信息系统，鼓励推进“5ABCD+实体经济”融合发展模式，通过加大对新兴数字技术的投资以支持数字经济的稳步发展。

第四，加快人才的培养与引进。我国应继续加快各高校的数据库应用建设；支持区域性大学开设与数字经济相关的专业，开展数字专业教育，培养数据分析员、数据咨询师和其他专业人员。鼓励各地高校与国内外知名科研机构联合办学，建设数字经济研究和人才培养基地。企业和高校通过订单式人才培养，将输出大量数字素养较强的人才。除此之外，我国也应继续加强管理干部的培训，提高各级领导干部对数字经济的认知与管理能力。管理者可通过数字经济项目，继续为数字经济领域引进高端专业人才和团队。

第五，继续推进国际国内合作。我国中西部各地应依靠区域优势，积极将发达地区的各项数字经济资源融入本地进行协调发展；鼓励本地的企业和行业组织参与国际国内大数据交流活动和大数据的标准化工作，并在制定相关规则时提高发言权。此外，各个大城市的管理者还应继续加强本地区的数字经济能力对周围区域的服务能力及辐射能力，从而开拓国际数字市场，进一步增强本地区的数字经济实力。

第四节　经济结构发展视域下地区发展数字经济的对策建议

一、数字经济发展方向

在我国区域协调发展、各地区产业结构调整方面，数字经济的影响已经越来越大。各地区要大力发展数字经济，以促进经济结构发展。根据数字经济的发展趋势来看，未来各地区数字经济的发展应分为三个层面：数据的生产与挖掘层、数据的存储与传输层、数据的处理与价值再创造层。同时，数据作为数字经济中的核心，重新诠释了使用价值的三要素在数字经济中的体现。

传统观念认为，某事物的使用价值与其事物的固有属性相关，该价值的大小也只与其品质特性有关。这很好理解，5 元钱 2 升的矿泉水一定比 1 元钱 500 毫升的矿泉水要贵。实际生活中，这样的理解有失偏颇，某事物的使用价值除了与该事物本身的品质特性有关之外，同时还应与该事物的使用主体及使用环境相关，如一瓶矿泉水对于矿泉水厂员工，其价值一定小于这瓶矿泉水对于沙漠中急需水源的人。所以某事物的使用价值，将综合取决于使用该事物的主体的品质特性，以及该事物客体的品质特性和介体的品质特性。传统观念认为只有生产领域创造使用价值，流通领域不创造任何使用价值。但随着社会生产力的不断提高与进化，未来社会分工将越来越细且垂直于各领域，致使流通领域在商品生产过程中的地位逐渐凸显，流通领域内新出现和分化出的岗位也将越来越多。如阿里巴巴不仅为中国电子商务提供了一个线上交易平台，而且在线下也带动了一大批物流企业的快速发展。随着数字经济的发展，在未来，最终流通领域将成为创造使用价值的关键领域。数字经济中的核心即数据，通过生成与挖掘、存储与传输、处理与流通后产生新的价值，最终再被利用于实体经济，这一过程就是使数字经济能够良好运行的机理与基础。

（一）数据的产生与挖掘

通过前文对数字经济的概述可知，在以比特为单位的虚拟数字世界中，数据的丰富性带来的价值与传统实体经济中以稀缺性为前提假设的经济学模型相反。所以生成与挖掘出的数据体量越大，后期处理后得出可利用数据的概率也就越大，进而数据对实体经济的辅助与决策预判作用就会越强。在数据的生成与挖掘层面，不得不提及两个重要的数字基础设施，即物联网与人工智能。大量的物联网前端硬件采集到足够多的数据后，可实现软件与硬件的无缝衔接，以人机交互的方式，让人工智能辅助人类来挖掘海量数据中对人们有价值的数据。

（二）数据的存储、传输及处理

云计算的出现使得整个 ICT 行业的发展进入了一个爆发期，因为云端处理数据的云模式比线下实体购买设备或建立机房等传统模式更具有可持续发展的潜力，在大幅降低了 ICT 行业准入门槛的同时，也大幅降低了数据传输的成本及在线处理的成本。同时，互联网被建设为底层数据传输平台，可在 PC 端之间及云端和数据库之间实现数据的高速与高效传输。5G 作为新一代移动通信技术，除了在移动终端间传输数据外，还在数以亿计的物联网传感器和云端之间进行数据传递。解决了数据传输问题后，对于数据的存储结构来说，区块链不失为一种很好的解决方案。其技术特性，即通过块状数据结构以链式相连接并在每个区块内嵌入时间戳，能够保证采集到的数据具有很好的可利用性、可溯源性及安全性。

（三）数据的流通与价值再创造

数字经济的最上层为数据的流通及价值的再创造。与传统的货币流通一样，当某些数据的内涵丰富至能影响到某些领域或行业未来的发展与决策时，这些数据就有了很大的价值。但如果没有人工智能帮助人们挖掘人类本身无法处理的海量数据、没有互联网提供的数据传输、没有区块链技术为数据确权提供的保障性、没有云计算带来的便捷及可操作性，数字经济的发展一定会步履维艰。反过来，如果这些新一代数字通信技术作为数字经济的基础在各地区得到良好的发展，那么未来在设立数字资产交易所的前提下，打破数据孤岛、让数据流动以产生更大价值，就能被实现。

二、数字经济发展建议

依据我国各地区的独特优势与条件，结合“5ABCD+”发展模式，区域性数字经济发展可从几个方面着手进行：

（一）工业数字化方面

首先是继续扩大产业规模。除了通过低成本优势扩大产业规模外，中西部地区的管理者还应从本地区区位优势出发，继续扩大低电价优势（风能、太阳能等自然能源优势），这能够在金属冶炼、数据中心等高能耗行业中得到充分发挥；在低碳发展模式的前提下，还可通过积极响应国家政策，增加投资吸引大型资源型产业，继续扩大工业产业规模。

其次是继续完善产业链。扩大和完善产业链是实现资源转化增值的根本途径。一是管理者应结合本地区资源转化的增值效益的特点，从这方面加以努力，拓展新的产业增长点，进一步完善产业链。这样就能在突破原有工业水平的同时，进一步完善产业链及深加工水平。管理者必须通过垂直延伸、水平匹配和耦合扩展来拉长产业链，以形成产业集群。以产品终端化和高端工业化为目标，向下游延伸，以深加工为主要方向，增加投资，发展产业链。二是各地应拓展新材料发展方向，尽快制定和实施新的发展战略，突出产品的新模式、新技术等，促进资源型产品向高端新材料升级；逐步开发资源，以达到资源的合理利用，以及对资源的精细控制。

最后是在前两者的基础上加快工业互联网的部署。各地应利用工业互联网、物联网及5G等新技术加快低延迟、高可靠性和覆盖面广的工业互联网网络基础设施建设，并继续促进网络速度提高和费用降低。数字基础设施的逐步完善，能够提升劳动力、土地、资本、管理及技术等要素的重组与提效，将进一步影响未来工业数字化转型的发展方向。

（二）农业数字化方面

农业是任何一个国家的基本产业，如果一个地区的农业资源丰富，绿色农产品优势就更为明显，而这是新时代农业最为重要的数字化基础。在数字经济时代，运用“5ABCD+”模式推进发展绿色农业、智慧农业、数字农业无疑是最佳的选择。新技术的出现与不断下沉的应用场景也为智能农业的发展创造了良好的基础和条件。在立足加快地区性数字农业的新起点上，管理者应努力探索以生态优先、绿色发展为导向的高质量数字化农业发展新道路。以数据为核心的农业数字化发展，将对地区性数字农业的发展产生重要的影响。管理者应积极探索数字新技术与传统农业深度融合的发展路径，特别是运用“5ABCD+”发展模式使传统农业全产业链提效降本，这是目前解决地区性农业发展问题的一条有效路径。例如原材料的购入，从种子到化肥，种牛到乳牛等所有的可商业化信息都将存于云端，通过网络进行高效传输，这样农民能轻松地在互联网上买卖与土地相匹配的种子及化肥，或能通过定制牛、猪的性别来精准化生产等。在“5ABCD+”模式下的生产过程中，通过前端大量的数据传感器收集相关数据，如在土地中嵌入传感器，收集玉米等作物在生长过程中的环境温度、土地湿度、土壤成分等实时数据；在每头奶牛耳部嵌入传感器，对奶牛每日进食等数据进行实时监控，然后将得到的数据以区块链形式存储后上传至大数据平台，利用人工智能进行综合分析及管理。这些繁多的数据，从云端到本地，通过5G网络的加持，就可以使效率提高，使成本相对降低，并且能够得出一系列关键生产要素数据，如什么环境下玉米的产量最高等，一改以往的粗放型生产方式，达到精准化、标准化生产等。通过这种精细化发展模式，地区性数字化农业就能得到快速发展，并以点带面，最终形成数字化农业产业链，形成规模性的数字农业经济。

（三）数据资产化方面

目前，我国一些典型的数据资产中心采取“111N”的运营模式，即建立一个专业的数据资产评估中心，建立一套领先的数据资产评估标准体系，建立一个多方参与的数据资产评估联盟，提供N种创新的数据资产评估服务。依托这类数据资产中心，管理者就可以加快建立权威、规范、客观、有效的数据资产评估体系，科学评估和定价数据资产，探索建立数据资产评估行业标准，促进数据资产评估工作规范化、标准化，为国家性或地区性大数据的顶层设计和规划提供依据；同时立足本地区，面向周边区域乃至全国提供服务，为区域性数字产业的发展做出更大贡献。

笔者在进行这类产业发展调研时，通过实地调研发现，目前有些地方的一些企业已完成数字化转型或正在转型过程中，即从以往的粗放型生产开始转为由新一代数字技术作为支撑的数字化精准生产及管理，但当地未设立具有权威性及规范性的数据交易平台。此外数字技术除了应用于农业及工业外，还可以在各地的服务行业深入发展。一些地区在运用“5ABCD+”发展模式的同时，还应大力发展地区性数字基础设施建设，通过收集足够的前端数据来综合分析，从而得出关键生产要素的数据。得到的这些数据虽然很关键，但这些数据还需要流通，才能提升其价值。所以数据交易平台的建立将打破数据过于聚集而导致的“数据孤岛”现象，也将大大提高地区性数据要素驱动下数字经济的发展。管理者应尽快建成相关数据交易平台，为本地区数字经济的增长提供有力支撑，对周边区域也能起到良好的示范作用①。

综上所述，本书对数字经济发展的研究，是将地区性数字经济的发展置于全球数字经济发展的大背景下，依据梅特卡夫法则、摩尔定律、达维多定律等数字经济相关理论，在对一些地区大数据特色产业基地发展情况的调研基础上展开的，是在对地区性数字经济的 SWOT 分析的基础上，在充分分析相关区域发展现状与问题、优势与劣势、机遇与挑战的基础上，构建适合地区性发展数字经济的“5ABCD+”模式的。此外，本书还对此模式的运行逻辑及机理从适切性的视角和技术层面进行了解读，在此基础上提出了运用“5ABCD+”模式推进地区性工业数字化、农业数字化、数据资产化方面的建议，以期各地能充分把握当前关于数字经济发展的一系列机遇等。这样，一方面，能使数字经济在本地区的发展变得更加合理，有利于经济增长和有效缓解“数据孤岛”现象；另一方面，还能进一步发挥本地区自身优势，引领其传统经济的转型升级，实现经济高质量发展。

① 李勇坚. 我国数字经济发展现状、趋势及政策建议 [J]. 科技与金融，2021 (11)：24-33.

第六章　经济结构发展与虚拟经济统计实践研究

第一节　虚拟经济统计核算方法研究

一、虚拟经济的基本概念

（一）虚拟经济的定义

所谓“虚拟经济”，主要是指在股票、债券、基金、期货、金融衍生品等虚拟资本的交易活动基础上形成的脱离实体经济的一种经济活动。与之相对的是“实体经济”，主要是指物质资料生产、销售及直接为此提供劳务所形成的经济活动，其主要构成部分包括农业、工业、建筑业、交通运输业、商业、邮电业等产业部门。不同行业企业的虚拟经济活动，会影响相应行业的发展，并会进一步影响经济结构的发展。

（二）虚拟资产的特征与分类

虚拟资产是虚拟经济的交易对象，其本质是一种以实物资产为背景的价值权利符号，市场交易主体可以通过价值权利符号的市场交易获取价差收益。根据国内学术界对虚拟经济的相关界定，虚拟经济的基本特征是完全脱离了实体经济中的具体投入产出等生产过程与消费过程。虚拟资产是虚拟经济运行的基本载体，作为虚拟经济的交易对象，它应当具有与虚拟经济活动本身相一致的基本特征。因此，虚拟资产应该具有以下三个基本特征：第一，虚拟资产是一种价值权利符号，它代表着具有一定实际价值的有形实物资本或者对实物资本的某种权利；第二，虚拟资产的市场交易或转移过程并不会对它所代表的实物资产的实际量有任何实质性改变；第三，虚拟资产的市场价格会受到相关实物资产变化的影响，但决定性因素还是市场交易主体对虚拟资产未来价格走势的心理预期，即虚拟资产市场价格体系是以心理预期为主要定价方式的。

根据虚拟资产所具有的上述基本特征，以及《国际收支手册》第六版中金融资产的分类标准，虚拟资产按照虚拟化程度由高到低的顺序，可依次排列为金融衍生产品、股本证券与债务证券、投资性房地产。金融衍生产品与投资性房地产从本质上说都是一种有价证券，但为了区分房地产市场与证券市场，本书特将它们分开来进行单独讨论。

从上述虚拟资产类型可以看出，虚拟资产大部分是由金融资产与房地产构成的。但是，并不是所有的金融资产与房地产都属于虚拟资产范畴，比如与实体经济活动联系紧密的生产消费贷款，以及生产消费性质的房地产就不都是虚拟资产。又如，美国银行的次级住房按揭贷款属于金融资产，但却不属于虚拟资产范畴，因为这些次级住房按揭贷款直接进入了实体经济活动中的住房消费领域。当这些次级住房按揭贷款被打包成同类资产组合并经信用评级后，衍化成为次级债券流入债券二级交易市场中进行交易时，这才衍变成不折不扣的虚拟资产。因此，可以说资产证券化过程也就是资产虚拟化的过程。

金融资产与房地产在虚拟资产总量中占据了大部分，但并未囊括所有的虚拟资产。譬如，知识产权也是一种虚拟资产，但多数研究者并未将知识产权列入所要研究的虚拟资产范围，这是因为知识产权在统计数据的收集与核算方面具有诸多困难，而且由于知识产权在虚拟资产总量中所占比重较小，不会对虚拟经济总量研究产生很大的影响。实际上，从数量统计或规范虚拟经济的情况来看，虚拟经济70%的份额是金融，30%是房地产及知识产权。由于知识产权在统计上较困难，且所占比重很小，因而在具体的统计与研究中可忽略不计。这种方式尽管较粗略且不够科学，但现阶段我们也不得不暂时接受。

（三）虚拟资产的资本化定价方式

虚拟资产的资本化定价方式是虚拟经济的重要特征之一，房地产的资本化定价对于阐释虚拟经济这一基本特征具有显著意义。

早在19世纪人们就已经认识到，土地价格应当与该土地未来所能产生的地租收益现值成正比，拥有土地所有权就等于拥有了一笔可以获得永久固定收益的有价债券，土地也因此而成为最早采用资本化方式进行定价的资产①。在经济发展历程中，资本化定价理论的发展要比成本定价理论缓慢得多。资本定价理论的产生最早可以追溯到20世纪初费雪的不确定性理论，此后一直到1947年诺依曼-摩根斯特恩的期望效用论诞生，才为资产定价理论奠定了发展

① 吴秋璟. 虚拟经济制度与结构变迁的研究 [D]. 上海：复旦大学，2004：144.

基础。20世纪50年代，马克维茨（Markkowitz）与托宾（Towbin）创立了资产选择组合理论，20世纪70年代以资产定价模型为基础进行的理论与实证研究取得了巨大进展，资本化定价理论也就此得以基本完成。从20世纪80年代开始，全球虚拟经济得到了飞速发展，投资者对虚拟资产价格的估算也越来越取决于对虚拟资产未来收益的预期，而不是采用传统的简单成本定价方式。虚拟经济的迅猛发展极大地促进了资本定价理论与实践的发展。

投资性房地产的主要估价方式是根据房地产未来收益产生的现金流进行估价的“收益资本法”。如果可以将房地产的价格分为房产价格与地产价格的话，那么房产建造应当属于实体经济活动范畴，其中新增房产的价格取决于相关的建筑成本，原有房产价格取决于建筑的重置成本，即在现有价格水平下建造相同建筑所需耗费的成本。与房产不同，土地在通常情况下是自然形成的，人们无法通过人工生产过程来增加土地的供给量，地产价格并不能由其生产成本来合理决定，只能根据其未来预期收益的现值来决定，包括宏观经济形势、人口结构与总量、土地租金价格，甚至人们对经济发展的信心等都会影响地产价格，因而地产比单纯的房产更具有虚拟资产特性。通常在房地产的周期波动中，地产价格也往往体现出更强的波动性。由于房产无法脱离地产而单独存在，房地产价格是一个不可分割的整体，而地产价格无法借助于传统的成本定价方式，只能根据未来预期收益进行定价，因此投资性房地产的定价方式只能采用资本化定价方式。

（四）虚拟经济交易

在国民经济核算中，一般都把经济活动称为经济交易。这是因为，在现代社会中与社会再生产直接相关的经济活动一般都是通过市场交易实现的，所以通常也把经济活动称为经济交易。在现代市场经济条件下，经济活动通常都是以市场交易作为其具体表现形式的，因此虚拟经济交易也就是虚拟经济活动的具体表现形式。在国民经济核算中，同样可以把虚拟经济活动称为虚拟经济交易，界定了虚拟经济交易的具体范畴也就是界定了虚拟经济活动的具体范畴。

1. 虚拟经济交易的零和博弈特征

首先，许多人将虚拟经济看作一种独立的价值体系。其次，虚拟经济交易可以创造出新增价值。比如，证券公司自营收入、炒股的手续费，以及债券交易等的手续费、经营债券的收入、一些地产交易的收入等，都被计入了GDP，可见经济越是虚拟化，虚拟经济就越是可以直接创造GDP。

然而，从虚拟经济所具有的基本特征来看，这些观点是值得商榷的。这是因为虚拟经济交易从总体上具有零和博弈特征，虚拟经济是通过价值权利符号的转移来实现对交易各方的货币收入再分配的，是一种分配性转移过程，并没有创造出实际的新增实物价值。

对于一个国家的整体经济来说，虚拟经济无论其财富数额有多么庞大，也不会带来实质性的财富增加。以股票二级市场交易为例，在股票二级市场交易中，股票所代表的实物资本并没有因为股票的不断交易而产生实际物量上的改变，尽管股票价格的短期波动会使得股票交易过程中产生价差收益，但从总体而言，股票交易具有零和博弈特征，即交易各主体的总损益之和为零。股票交易所造成的盈亏从实质上看只是对交易各方的货币收入进行再分配，是一种分配性转移。交易某方的盈利、交易中介费用及交易产生的政府税收都是来自交易另外某方的亏损。即便是实体经济发展，或者是货币供应量增长率不断攀升使得股票市场价格持续上涨，股票二级市场交易直接创造出来的所谓“新增价值”也只不过是对实体经济活动所创造出的新增价值的瓜分，或者是通货膨胀所造成的“虚幻财富”而已。这些虚拟经济交易在实质上并没有创造出任何新增实物价值，就如弗朗索瓦·沙奈（Francois Chesnais）所说的那样：虚拟经济的利润本质上只是一种分配性转移，是对实物经济领域中利润与收入的转移和掠夺。

2. 虚拟经济交易的具体范畴

虚拟经济交易脱离了实体经济领域中的生产与消费等具体活动过程，从总体而言，虚拟经济交易具有零和博弈的特征，因此本书从具体范畴方面对虚拟经济交易进行了界定，其主要包括以下三大类：①金融衍生品交易；②股本证券与债务证券的二级市场交易；③房地产二级市场交易。它们按照虚拟化程度由高到低依次为：金融衍生产品交易，股本证券与债务证券的二级市场交易，房地产二级市场交易。在虚拟经济交易具体范畴的界定中，本书认为有必要进行以下三点说明：

第一，尽管股本证券与债务证券属于虚拟资产范畴，但是股本证券与债务证券的一级市场交易却并不属于虚拟经济交易，这是因为股本证券与债务证券的一级市场交易是为实体经济中各类生产与服务企业提供直接融资的，其已经进入实体经济的资源配置具体过程当中，不应该属于虚拟经济范畴。

第二，知识产权交易也属于虚拟经济交易范畴，但本书并未将其列入所要研究的范畴。如前文所述，一方面是因为知识产权交易在数据统计上具有较大困难，另一方面也是因为知识产权交易在虚拟经济总量中所占比例极小，将其忽略不会对虚拟经济总量的研究产生较大影响。

第三，房地产交易应当区分一手房交易和二手房交易。房地产本身兼具消费与投资两大属性，尽管现行国民经济核算体系（SNA）将房地产列入资本品范畴，但却并未因此而否认房地产本身所具有的消费属性。房地产交易中的一手房交易显然并不属于虚拟经济交易范畴，人们购买一手房可以用于自住消费，这应该属于实体经济活动领域。当然，由于房地产具有投资属性，人们也可以利用房地产市场价格的波动，将其所拥有的房地产作为一种虚拟资产进行交易来赚取价差收益。但是，如果仅有一手房交易是无法实现人们这一投资意图的，必须得通过房地产二级市场交易才能得以实现。因此，只有通过房地产二级市场交易才能体现出房地产作为虚拟资产的属性，也只有房地产二级市场交易才能真正体现出虚拟经济活动的本质特征。所以在界定虚拟经济交易的具体范畴时，必须区别一手房交易和房地产二级市场交易。如果把一手房交易也纳入虚拟经济交易中进行统计，必定会夸大虚拟经济总量，而减少实体经济在整体经济中的占比。而且虚拟经济应该只包括具有金融期权特征的投资性房地产，而并非全部房地产。

（五）虚拟经济的本质

通过对虚拟经济活动主要载体——虚拟资产与虚拟经济交易二者的界定，可以对虚拟经济的本质特征做出如下界定：虚拟经济是指市场主体利用市场对虚拟资产未来价格走势的心理预期差异所造成的虚拟资产短期市场价格波动，通过虚拟资产与货币资本的交换而赚取价差收益的一种经济活动。虚拟经济活动在本质上是一种权利价值符号（虚拟资产）的转移过程，它完全脱离了实体经济的具体投入产出过程。虚拟经济活动总体而言具有零和博弈特征（交易各方的总损益之和为零），尽管在交易过程中会有价差收益的产生，但这种权利价值符号所代表的实物资产的实际物量却并未在权利价值符号的转移过程中发生任何实质性变化，虚拟经济交易过程并没有直接创造出任何实质性的新增实物财富，所以虚拟经济活动只是对交易各主体的货币收入再分配，属于一种分配性转移。从国民经济三次产业划分角度来看，由于虚拟经济的主要构成部分包括金融、房地产等都属于第三产业，因而虚拟经济活动在三次产业分类中应该属于第三产业范畴。

（六）虚拟经济的产出

1. 直接产出与间接产出

国民经济核算中的产出概念是指在一定时期内经济活动创造出的总成果，它是反映经济活动过程中所创造价值总量的一种经济统计指标。

根据哲学观点，世界上任何活动都不是孤立存在的，它们相互之间总会存在或多或少的直接联系或间接影响。为了保持各项经济活动过程本身的独立性，国民经济核算体系在原则上只对活动过程本身进行产出核算，而不对活动附属或延伸过程进行核算，否则就会存在重复核算之嫌。“在国民经济核算中，对任何一项活动的成果或产出核算，应仅指该活动过程，至于该过程以外的任何附属或延伸过程均非核算的内容。”① 因此，根据国民经济核算这一观点，产出又可分为“直接产出”和“间接产出”，直接产出是指活动过程中所直接创造出的价值成果，而活动过程之后所产生的其他影响则属于该活动的间接产出。

罗良清在《非市场服务产出核算问题研究》一书中就是以经济活动中直接产出与间接产出的区别，来进行教育服务活动产出的成果形式分析的。教育服务的产出核算就是获取当期生产及提供的教育服务的市场价值之和。这意味着如果要获得教育活动的服务产出资料，就必须解决以下两个基本问题：一是教育服务产出的具体形式，二是教育服务的价格确定。在确定教育服务产出的具体形式时，必须注意的是，在国民经济核算中，对任何一项经济活动成果或产出的核算，都仅指该活动过程，至于该过程以外的任何附属或延伸过程均非核算的内容。类似地，对教育活动所提供的服务也只核算其活动过程本身，即教育活动对受教育者所产生的直接影响。至于受教育者由于接受了一定质量和数量的教育，从而改善了个人的社会生活环境、寻找到了更好的工作及增进的个人与社会福利总量等，均不属于教育活动本身的成果，即教育服务产出的核算范围，不应包括教育活动过程之后或之外的社会经济活动与影响。在国民核算体系中，原则上对任何经济活动的核算都只涉及该活动本身，从不对其附属或延伸的活动过程进行核算。另外，如此核算可保持各经济活动过程本身的独立性。如果我们坚持认为，教育活动与科技活动是联系在一起的，而后一并加以核算，照此推理必将导致如下谬论：体育健将获得的世界冠军，其功劳除归属于体育健将本身的努力之外，还应把功劳分配给农民、工人等有关人员。因为，运动员良好的身体素质是农民生产的大米、猪肉、牛肉等食品所造就的，获得的好成绩离不开工人生产的各种运动设备的帮助与训练，等等。显然，这是一种非常不严谨的归纳和联系，其结论在某种意义上是很荒谬的。

应该明确的是，教育活动的成果是教育部门生产及提供的教育服务，教育服务产出核算只能针对教育活动自身过程的成果进行，而受教育者通过教育服务所获得的知识和技能总量或某种提高与改善，促使其日后寻找工作的方便、生活习惯的改变、个人及社会福利总量的增进均属于教育活动形成的间接成

---

① 罗良清．非市场服务产出核算问题研究［M］．北京：中国统计出版社，2003：82.

果，不应该属于教育服务产出核算的范畴。在国民核算账户体系中，所有这些间接成果都会被作为其他活动的产出进行核算，如果将它们纳入教育服务产出进行核算，必将导致社会总产出的重复核算。

因此，当国民经济核算体系对任何经济活动所创造的产出进行核算时，都只核算该经济活动过程中所直接创造出的价值成果即活动的直接产出，而不核算活动过程之后所产生的延伸或后续影响。

2. 虚拟经济的直接产出与间接产出

从国民经济核算角度看，任何经济活动都会有其相应的产出，虚拟经济作为一种客观存在的经济活动自然也不例外，因此虚拟经济活动也能创造相应的产出。由于虚拟经济的产生源于为解决实体经济活动中的资本流动与资金融通问题，降低实体经济的交易成本与费用，促进实体经济的产业结构优化，提高实体经济的生产效率与社会资源的整体配置效率，因而很多学者在讨论虚拟经济时，都会提到虚拟经济活动对实体经济所产生的各种影响。例如，虚拟经济导致的实体经济融资环境的改善或恶化、资源配置效率的提高或下降等。这也使得人们经常把虚拟经济活动过程之后所产生的这些影响与虚拟经济活动的产出联系在一起。但是，虚拟经济活动本质上是一种虚拟资产与货币资本的交换过程，仅就活动过程而言，虚拟经济活动并没有创造出任何新增实物财富（见表 6-1）。

表 6-1　虚拟经济的直接产出与间接产出

虚拟经济的直接产出	虚拟经济的间接产出
虚拟经济活动过程中所直接产生的政府税收、交易中介机构因提供中介服务所收取的中介费用，以及机构部门（除住户部门）在虚拟经济交易中直接获取的价差利润	虚拟经济活动过程之后所产生的实体经济融资环境改善（或下恶化），社会资源配置效率提高（或下降）、产业结构优化（或劣化）等方面的影响

根据国民经济核算中的直接产出与间接产出的概念，虚拟经济活动过程中的直接产出应该是虚拟经济交易过程中所直接产生的政府税收、交易中介机构因提供中介服务所收取的中介费用，以及机构部门（除住户部门）在虚拟经济交易中所直接获得的价差利润，这也是现有国民经济核算体系所要核算的虚拟经济产出。至于虚拟经济活动过程结束之后所产生的实体经济融资环境的改善或恶化、社会资源配置效率的提高或下降、产业结构的优化或劣化等方面的影响都只是虚拟经济活动有可能会产生的后续影响，并不是虚拟经济活动过程

本身所直接创造出的新增价值成果，所以应该属于虚拟经济活动的间接产出。并且，虚拟经济活动的这些间接产出也都会在其他实体经济活动的产出增加或减少方面体现出来，国民经济核算账户体系已经将它们作为其他实体经济活动的产出进行了核算。因此，对虚拟经济产出进行核算，只能核算虚拟经济活动本身所直接创造的政府税收、交易中介机构因提供中介服务所收取的中介费用，以及机构部门（除住户部门）在虚拟经济交易中所直接获得的价差利润等直接产出，如果把虚拟经济对于实体经济的影响与作用等虚拟经济的间接产出也作为虚拟经济产出进行核算，必然会导致国民总产出的重复核算。

从短期来看，虚拟经济活动创造的增加值来自虚拟经济交易中住户部门的储蓄或其他机构部门资产的减少；从长期来看，虚拟经济的产出则来自从实体经济体系流入的由实体经济部门所创造的利润与收入，与政府货币供应量有着密切关系。股票二级市场交易就属于较为典型的虚拟经济活动，下面以其为例来进行虚拟经济活动的产出分析。从短期来看，股票二级市场中的多空交易方出于对股票价格后期走势的心理预期差异，而进行下注博弈。在交易过程中，交易双方都必须向政府缴纳股票交易的印花税，以及向市场中介机构支付中介服务费用。当交易过程完成后会有价差收益的产生，其中一方在交易中获得的价差收益必定是来自其他方的资产损失。如果从股票二级市场交易的总体上看，交易各方的总损益之和应该为零，即股票二级市场交易在总体上具有零和博弈特征。股票二级市场交易活动创造的增加值包括股票交易过程中产生的政府税收、市场中介机构因提供中介服务而获得的手续费收入，以及机构部门（除住户部门）在股票交易过程中直接获得的价差利润。在短期内，股票二级市场交易创造的这些增加值是来自参与股票交易的住户部门的储蓄资产或其他机构部门资产的减少。从长期来看，股票二级市场交易创造的增加值来自住户部门的储蓄资产或其他机构部门资产的减少，以及实体经济发展所创造的利润与收入。

3. 虚拟经济造成的国内生产总值虚增现象

虚拟经济活动是可以直接创造增加值的。在现行国民经济核算体系中，虚拟经济活动创造的增加值应该等于虚拟经济交易过程中所直接产生的政府税收，加上交易中介机构因提供中介服务所收取的中介费用，以及机构部门（除住户部门）在虚拟经济交易过程中所直接获得的价差利润。但按照现行国民经济核算体系对虚拟经济活动进行核算，却有可能会造成 GDP 在某种程度上虚增的现象。

虚拟经济是与实体经济中的具体投入产出等生产和消费活动过程完全脱离

的，虚拟经济交易的本质是虚拟资产与货币资本的交换，由于虚拟资产所代表的实物资产的实际物量并不会因为虚拟交易而发生任何变化，所以虚拟经济活动并没有直接创造出任何实质性的实物财富与价值。虚拟经济活动所创造的当期国内生产总值，包括在虚拟经济活动过程中所直接产生的政府税收、中介机构收取的中介服务费用，以及机构部门（除住户部门）在虚拟经济交易过程中所直接获取的收益与利润等，都是以住户部门的储蓄资产或其他机构部门资产的减少为代价的。换言之，虚拟经济活动创造的增加值都是来自参与虚拟经济交易的住户部门的储蓄资产或其他机构部门的投资，尽管虚拟经济活动当期新增的 GDP 在经过各种交易过程之后最终会转化成为住户部门或其他机构部门的资产与收入，但是如此一来，就有可能会造成国内生产总值的虚增现象。这样的结果就是，国内生产总值在不断增加，而国民所拥有的实质性财富或社会福利却并没有增加，或者国民拥有实际财富的增加速度要低于当期国内生产总值的增加速度。

二、虚拟经济统计核算的意义

随着世界经济虚拟化程度的不断加深，虚拟经济的相对独立性越来越明显，自我发展和激发经济危机的可能性越来越大。此时进行虚拟经济统计核算不光有利于经济结构和谐发展，减少经济危机爆发的可能性，还具有以下四个方面的重要意义：

第一，满足我国金融资产所有者决策的信息需求。虽然我国现有统计核算均涉及金融资产交易相关内容，但没有一个完整的虚拟经济统计核算框架。虚拟经济市场是一个信息不完全市场，时常受到羊群效应、市场噪声等因素的影响，导致金融资产所有者投资失误。故对虚拟经济进行统计核算，可降低市场噪声等因素对虚拟经济市场的影响，满足金融资产所有者决策的信息需求。

第二，充分反映我国现代财富构成和经济地位，反映经济结构的发展状况。财富是劳动者在生产过程中创造的具有价值和使用价值的劳动产品，包括金融资产和非金融资产。随着经济的迅猛发展，虚拟资产在社会财富中的比例越来越高，人们持有财富的形式也越来越与物质财富相分离。此时，进行虚拟经济统计核算，可帮助我们更好地了解社会财富的构成比例。此外，一国拥有的金融从业人员数量、国际金融中心数量及规模、金融机构在国际金融市场中所占业务份额，已成为体现一个国家国际竞争力和国际地位的主要指标。通过虚拟经济统计核算，人们不仅可获得我国各部门虚拟资产数据，还能了解我国虚拟经济的发展状况，了解虚拟经济与实体经济在国民经济中的占比，进而了解我国经济结构发展情况。虚拟经济发展情况还能全面反映我国在国际上的经济地位，明确未来发展方向。

第三，可获得一个国家或地区的虚拟经济发展规模、结构、比例、速度等方面的信息，满足宏观经济分析研究的需要。虚拟经济是在实体经济基础上发展而来的。虚拟经济发展速度与实体经济发展速度不匹配，将会引发经济危机。故虚拟经济发展速度须与实体经济发展速度保持一定比例，才能降低风险，杜绝泡沫经济。通过虚拟经济核算，政府部门可充分掌握资金来源与去向、交易量大小等方面的信息，进而准确、及时地“对症下药”，对虚拟经济进行宏观调控，进而维持经济稳定。

第四，为我国加强虚拟经济发展规划、监管和调控，提供依据。国民经济活动由虚拟经济活动和实体经济活动两部分组成。虚拟经济系统的稳定时刻影响着我国经济稳定。随着世界经济虚拟化程度的不断加深，虚拟经济活动在我国整个社会经济活动中的比重也在持续扩大。随着各国金融市场的发展，各种金融工具不断被创造出来，大量游资在国际金融市场上流动，影响着各国虚拟经济市场的稳定。此时进行虚拟经济统计核算，能收集更多金融资产流通和房地产交易活动等方面的信息，为我国加强虚拟经济发展规划、监管和调控，提供依据。

三、统计核算方法在虚拟经济中的应用

虚拟经济统计核算不仅可满足金融资产所有者的信息需求，还可反映我国的现代财富构成和经济地位，为我国虚拟经济宏观调控提供依据。虽然进行虚拟经济统计核算具有重大意义，但由于虚拟经济运行具有频繁波动性、周期性、相对独立性等特征，故现行国民经济核算（SNA）、货币与金融统计（MFS）、政府财政统计（GFS）、国际收支统计（BOP）、资本存量统计等宏观经济统计核算体系的分类标准、核算规则及核算方法，在虚拟经济统计核算方面有一定局限性。基于此，本书结合虚拟经济的特点，在研究其他宏观经济统计核算体系关于金融工具核算内容的基础上，进一步设计了适合虚拟经济的统计核算方法，包括统计分类依据、核算内容、核算规则等内容。

（一）虚拟经济统计核算的分类依据

自从虚拟经济概念提出以来，就有诸多学者对虚拟经济的概念进行定义。本书所研究的虚拟经济是指股票、债券等虚拟资本的持有和交易活动。它由基金市场、债券市场、股票市场、期货市场、房地产市场及外汇市场构成，是一个具有多样化交易品种、多元化交易机制、多层次交易场所等特征的金融市场体系。

虚拟经济统计分类，是从数量上表现和分析虚拟经济结构、认识其本质特征的基础。基于各种统计核算数据的协调性，本书按以下两个分类标准对虚拟经济进行统计分类：

第一，根据交易主体的不同，虚拟经济可分为非金融企业、金融机构、政府、住户和国外五个部门。其中非金融企业是指主要从事市场货物生产和提供非金融市场服务的常住企业，由非金融性私人公司、公共非金融性公司及外国控制的非金融公司构成。金融机构是指主要从事金融中介，以及与金融中介密切相关的辅助金融活动的常住单位，包括中央银行、其他金融中介、其他存款性公司、保险公司和金融辅助管理机构。政府是指在特定区域内通过政治程序建立的，对其他机构单位拥有立法、司法和行政权的法律实体及其附属单位。住户是指共同享用同一生活设施、局部或全部财产集中使用，共同享用住房、食品和其他消费品与消费服务的常住个人或群体。国外是指所有不具有常住性的机构单位。

第二，根据交易市场的不同，虚拟经济可分为债券、股票、基金、期货、房地产及外汇交易市场。其中：①债券市场是债券发行和买卖的场所。债券是一种金融契约，是政府等部门向社会筹集资金时向投资者发行的，承诺到期还本付息的债权债务凭证，包含国债、央行票据、金融债券及非金融企业公司信用类债券等类型。它是我国历史最悠久的虚拟经济市场。经过多年的改革与创新，我国债券市场已形成交易所市场、银行间市场和商业银行柜台市场的多层次市场体系。②股票市场是股票发行和交易的场所，由股票发行市场和股票流通市场两部分构成。自从1984年第一只股票“小飞乐”登上股票市场舞台，我国股票市场已有近40年的发展历史，经历了从股份制改革到“建立香港与上海股票市场交易互联互通机制”，逐步完善，由小变大的发展过程。到2022年，我国股票市场不仅通过直接或间接的财富效应，发挥了刺激消费、拉动内需的作用，还通过股票一级市场、二级市场优化资源配置和分散投资风险，此外还起到信息披露的作用。③期货市场是进行期货合约交易的场所，根据标的物的不同，可分为商品期货和金融期货两大类。该市场不仅具有价格发现、套期保值的作用，还是我国市场经济全面发展的重要标志。从1990年期货交易机制引入郑州粮食批发市场伊始，我国期货市场走过了从无序到有序、从萧条到繁荣的发展之路，并于1999年相继确定了上海、大连、郑州三大交易所，紧接着于2006年确定了中国金融期货交易所等四大期货交易所。2020年10月9日，我国决定在广州成立广州期货交易市场。④房地产包括房产和地产，由于房地产建筑部分在国民经济核算中统计，故本书对房地产建筑部分不予统计。本书的房地产核算范围是指在房地产总量中，除去自主消费的那部分房地产剩余的部分。我国房地产市场从 1988 年转向商品化，2003 年确定其成为国家支柱性产业开始，走过了一条饱受争议的发展道路。在宏观层面上，一方面，其快速增长不仅增加了各地区的财政收入，还改善了国内投资环境，优化了经济结构，促进了国民经济增长；另一方面，产生了房地产经济泡沫，危及我国经济的安全与稳定，不过随着各种调控措施的出台，房地产所产生的对经济发展的危害已经得到控制。

（二）虚拟经济统计核算内容

1. 虚拟经济统计核算的范围

确定虚拟经济的范围是对虚拟经济进行统计核算的前提。确定虚拟经济统计核算范围依据的是对虚拟经济的认识。从普遍认同的观点来看，虚拟经济主要是指与证券、期货、期权等虚拟资本的交易相关联的经济活动。从虚拟资本理论来看，虚拟经济突出反映为货币资本不经过实体经济循环就可以获得盈利，简单地说，就是直接以钱生钱的活动。我们可以认为虚拟经济的产品或载体是货币、期货、股票、债券等各种金融工具，虚拟经济的工厂是各种金融机构，虚拟经济的交换场所是各种虚拟资产交易市场。根据对虚拟经济的认识，我们对虚拟经济的统计范围进行划分。首先，按市场或标的物的不同可分为：第一，货币市场；第二，资本市场，包括股票市场、债券市场和基金市场；第三，外汇市场；第四，黄金市场；第五，衍生品市场；第六，保险市场；第七，房地产市场。其次，按照交易工具可分为：一是货币黄金和特别提款权，二是通货与存款，三是股票以外的证券，四是贷款，五是股票和其他权益，六是保险专门准备金，七是金融衍生工具，八是其他应收/应付账款，九是房地产。

2. 虚拟经济统计核算方法包括的内容

虚拟经济统计核算是围绕着虚拟经济活动的有关方面展开的。虚拟经济活动是由交易的工具、交易的形式、交易的主体、交易的中介机构和交易的场所等要素构成的。虚拟经济统计就是要通过一定的方法反映虚拟资产交易市场上的交易主体在不同市场上的交易对象、交易方式、交易价格及交易规模等情况。

国民经济核算体系主要包括以下几个基本问题：一是交易者分类；二是交易分类；三是对流量和存量的测度因子，通常采用一系列的核算指标，即测度指标；四是描述工具，通常包括账户、平衡表、数学模型。按照这种思路，虚拟经济统计核算方法应该包括以下内容：

（1）交易者分类。

交易者反映虚拟资产交易市场交易主体的情况，即交易市场不同买卖者的有关情况。交易主体可分为非金融企业、金融机构、政府、住户和国外五个部门。其中最重要的是金融机构。金融机构是指主要从事金融中介，以及与金融中介密切相关的辅助金融活动的常住单位，主要包括中央银行、商业银行和政策性银行、非银行信贷机构和保险公司。作为融资的中介机构，银行及其他信用中介机构是最终借款人和最终贷款人的中介人；证券公司、证券交易所等媒介机构在出售和购买有价证券的交易中起金融辅助媒介作用。金融机构除了起到金融媒介作用外，也在市场上融资，也是融资的主体。

（2）交易分类。

交易反映交易对象，即各种交易工具的交易情况，比如股票、债券、票据、外汇、基金、同业拆借资金等的交易情况。虚拟经济活动需要有融资工具，如契约或借据等。交易工具在融资双方的借贷中起到了媒介工具的作用。这一部分是构成虚拟经济的最大部分，集中体现在金融产品及权利的交易上。正是由于通过虚拟方式创造出大量符号化的交易对象，从而使得经济的虚拟化势头愈加强劲，虚拟经济快速膨胀。

（3）测度指标。

一是反映虚拟经济总量。这既要反映交易工具的流量，即虚拟资产成交总额；又要反映交易工具的存量，即一定时点的虚拟资产结存额；还要反映交易工具交易净额，即买卖的净差额。

二是反映虚拟资产交易市场上不同分类的交易情况。比如股票一级市场的发行情况、二级市场的交易情况，债券市场上企业债券、政府债券、金融债权的有关交易情况等。

三是反映交易工具的价格。交易工具价格是虚拟资产收益市场化的表现，也反映一定时期交易工具的供求状况。

四是反映虚拟经济的其他情况。除了要对虚拟资产及其交易的流量和存量进行统计之外，还要对虚拟资产的结构、变动及虚拟经济与实体经济的关系与对实体经济的影响进行统计。

（4）描述工具。

描述工具通过建立虚拟经济核算账户、资金流量表、投入产出表等，对虚拟经济的运行情况进行描述和测定。

3. 虚拟经济统计核算与其他宏观核算的区别

根据虚拟经济提出的初衷，虚拟经济统计核算侧重于虚拟经济的流量，反映资金的流向、交易状况。与其他宏观统计核算的区别在于，虚拟经济统计核算主要侧重于虚拟经济的交易量。这里的交易量更多的是指重复交易的数量，这是由虚拟经济的研究目的所决定的。研究20世纪70年代以来的经济危机或货币危机可以发现，危机期间及其前后，资金频繁流出、流入产生经济危机的国家内形成外部冲击，滞留资金反复炒作，资产交易量明显放大，资产价格大幅波动，经济稳定性遭受重挫，国家经济安全面临严峻挑战。这些经验教训表明，对资金流动（包括资金流向和流量的变化）的监管和各经济部门或产业、行业间资金交易量的研究分析，是经济安全监控中至关重要的一环。

交易是市场经济活动的基本分析单位，交易本身代表着市场经济或市场机制的重要信息。交易的深度和范围是经济分析的主要内容。资金交易量总额是各个流向的资金流量的总和，交易量产生的背后是资金流动的结果。在金融危机发生之前，常常出现资金流动频繁、交易量剧增的异常现象。资金频繁流动形成交易量的增加，交易量所形成的信息又会促进资金流动（或资金流向、流量的改变），从而产生交易量，两者构成一个正反馈，并不断强化。可见，交易量数据中承载着丰富的信息资源，监控其在各部门、行业及市场间的变化，分析资金的来源与去处，判断资金流通速度的变化、反复交易的目的和资金去留是否异常等，可以为宏观经济政策的制定、政策当局及时采取短期应对措施提供依据，从而对维护经济安全具有重要意义。

由于虚拟经济的本质是虚拟资本或虚拟资产的交易，因此对虚拟经济的统计核算，就是围绕虚拟资产的交易量而展开的。虚拟经济统计核算与国民经济统计核算或者货币金融统计的本质区别，就在于虚拟经济统计核算的对象是虚拟资产，统计核算的内容是虚拟资产的交易。国民经济统计核算或货币金融统计针对的是产品或货币的最终价值或净值，重复交易被从各种统计中剔除或忽略。虚拟经济统计核算则着重于虚拟资产的交易量，包括重复交易的内容。

（三）虚拟经济统计核算规则

虚拟经济统计核算对虚拟经济活动进行全方位描述，必须遵循统一的核算规则，以便为政府的宏观经济调控提供翔实的基础数据和科学分析依据。在借鉴现行宏观经济统计核算规则及虚拟经济交易特点的相关研究的基础上，本书提出如下虚拟经济统计核算规则：

1. 系统性规则

虚拟经济交易活动是多部门交易活动。虚拟经济统计核算不仅要反映虚拟经济发展规模，还要反映其内部结构、比例状况，故在制定和实施虚拟经济核算体系过程中必须遵循系统性规则，体现在以下三个方面：①整体性，即虚拟经济核算应从整体上考虑问题，形成一个完整的核算制度体系；②层次性，即在虚拟经济统计核算过程中，应构造出层次井然、组织有序的虚拟经济核算体系；③关联性，即在统计核算过程中，应充分考虑部门间的内部联系，进而核算出反映各部门间、各环节间各种关系的数据。

2. 常住性规则

虚拟经济统计核算须界定虚拟经济整体的核算范围，才能在此基础上核算虚拟经济规模。为使虚拟经济统计核算数据与其他宏观经济核算数据具有可衔接性，虚拟经济统计核算应基于常住经济单位主体规则来进行。常住经济单位是指一个单位在一国领土范围内拥有一定的活动场所，并从事超过一定时间规模的经济活动。如果一个经济单位不具备上述特征，就为非常住单位，其虚拟经济活动不能被纳入该国核算范畴。

3. 采用复式记账法的记账规则

复式记账即一笔交易在来源方和使用方中同时记录。选用复式记账法作为虚拟经济统计核算记账规则，不仅有利于排查不同核算部分间的矛盾，确保整个虚拟经济体系平衡，还可使虚拟经济体系中的不同核算内容联系在一起，形成有机整体。

4. 记录时间的规则为权责发生制

在实际生活中主要有两种确定记录时间的规则：收付实现制和权责发生制。收付实现制能反映现金流入流出状况，但不能保证记录时间与实际经济活动发生的时间一致。权责发生制不仅可以克服这种缺点，还能对各种非货币流量进行核算。虚拟经济统计核算包含非货币流量核算内容，故虚拟经济统计核算记录时间的规则为权责发生制。

5. 估价规则：以现期市场价格为基础

虚拟经济统计核算是一个价值型核算体系，所有交易活动都要换算成货币价值。换算过程中最基本的度量工具便是价格，故虚拟经济统计核算必须对估价基础和估价方法做统一规定：对于那些当期实际发生的经济活动，货币价值就是当期市场价格；对于那些由以前时期延续下来的金融资产，则采取间接估算法估算其价格。因历史成本估计法不能反映当期金融资产实际价值，还会影响相应流量核算内容，故虚拟经济统计核算采用以现期市场价格为基础的估价规则。

6. 数据处理规则：汇总、合并、取净值、改道和分解

虚拟经济统计核算是一个庞大的系统工程，故在其具体操作过程中，还会用到一些数据处理方法，人们为使统计核算中的数据处理有章可循，订立了数据汇总、合并、取净值、改道和分解的数据处理规则。数据汇总是指将同一时期虚拟经济核算中的同类交易活动加总。合并是指将同一部门不同单位之间的

同一虚拟经济交易归并，如为反映金融机构与其他机构部门间的金融资产交易情况，可将不同金融机构间的金融资产借贷关系相互抵消。取净值是指一个部门或单位两种对应流量的冲抵，如非金融性机构部门同一种金融工具既作为资产也作为负债出现，为了反映金融工具资产负债变化情况，则需要用该种金融工具的资产与负债二者相抵，以差额记录。改道即改变虚拟经济交易活动的实际流程，根据不同实际交易途径进行记录与核算。分解是指把现实中的一笔虚拟经济交易活动分解为两个或两个以上的交易活动加以记录。

（四）虚拟经济资金流量账户表设计

债券市场、股票市场、基金市场、期货市场、房地产市场及外汇市场是进行虚拟经济交易活动的场所。虚拟经济交易活动将会引起资金的流入、流出。为反映虚拟经济各部门资金来源、变化情况，本书设计了虚拟经济资金流量账户表（如表6-2所示）。

表6-2　虚拟经济资金流量账户表

流入					非金融企业		流出				
国外	住户	政府	金融机构	非金融企业			非金融企业	金融机构	政府	住户	国外
					债券市场	国债					
						央行票据					
						金融债券					
						非金融企业公司信用类债券					
					股票市场	股票					
					基金市场	基金					
					期货市场	商品期货					
						金融期货					
					房地产	房产					
						地产					
					外汇市场	外汇					

（五）虚拟经济资金流量表设计

虚拟经济资金流量核算是以虚拟资产交易为对象的核算，反映虚拟资产交易活动引起的资金在各个部门之间的流动分布情况。所以与实体经济的资金流量核算相比，虚拟经济资金流量仅包含金融交易部分。

根据前文对虚拟经济交易主体和交易对象的分类，本书将虚拟经济统计核算中资金流量账户的相应交易项目进行相应数据处理，得到虚拟经济的资金流量表（如表 6-3 所示），其中“U”代表使用，“S”代表来源。

表 6-3　虚拟经济资金流量表

机构部门		非金融企业		金融机构		政府		住户		国内合计		国外		合计	
交易项目		U	S	U	S	U	S	U	S	U	S	U	S	U	S
净流入/净流出															
虚拟资产使用合计															
虚拟资产来源合计															
债券市场	国债														
	央行票据														
	金融债券														
	非金融企业公司信用类债券														
股票市场	股票														
基金市场	基金														
期货市场	商品期货														
	金融期货														
房地产	房产														
	地产														
外汇市场	外汇														

第二节　虚拟经济统计调查方法研究

一、虚拟经济统计调查的必要性

虚拟经济统计调查制度的改革与完善，需与现在经济发展形势相联系，才能更好地满足市场发展需要。面对我国不断发展的虚拟经济市场，急需专门的统计调查机构为政府规划经济发展蓝图提供数据支撑。

随着我国经济的快速发展与资本市场体系的不断完善，我国虚拟经济已有一定规模，具备极大上升潜力，主要体现在虚拟经济金融机构、虚拟经济市场、虚拟经济产品、虚拟经济交易规模四个方面。一是从虚拟经济金融机构上看，我国现已形成以中国人民银行为领导，以中国工商银行、中国建设银行、中国农业银行、中国银行四大国有商业银行为主体，多家股份制商业银行、保险公司、基金公司、城市信用合作社等金融机构并存的现代金融机构体系。此外北京、上海、深圳、天津等城市已初步建成区域性金融中心。二是从虚拟经济市场上看，我国已从改革前一片空白逐步形成股票市场、债券市场、期货市场、房地产市场等多市场结构的虚拟经济市场体系，并形成了上海期货交易所、郑州商品交易所、大连商品交易所、中国金融期货交易所四大初具规模的期货交易所。三是从虚拟经济产品上看，我国不仅出现了股票、债券、基金和保险等多种金融投资理财产品，还出现了以利率、货币、商品及贷款为基础资产或标的资产的金融衍生产品。四是从虚拟经济交易规模上看，我国股票市场全年成交额从1992年的683.04亿元增加到2021年的258.0万亿元；我国债券市场规模迅速壮大，其成交额从1993年的2 761.0亿元增加到2021年的224.5万亿元；等等。面对我国不断完善的虚拟经济市场、日趋复杂的金融工具，亟待虚拟经济统计调查为我国社会各界提供数据支撑。

目前，我国统计调查制度历经多次改革，已初步形成以周期性普查为基础，以经常性抽样调查为主体，多种抽样调查方法综合运用的统计调查方法体系。但纵观我国统计调查方法体系可知，我国统计调查方法体系历来以实体经济调查为主，较少关注虚拟经济统计调查，而一些适合实体经济的调查方法并不适合虚拟经济。虚拟经济统计调查是虚拟经济统计工作的基础环节，完善的虚拟经济统计调查不仅可为社会各界提供准确的数据来源，降低投资风险，还可使我国加强虚拟经济宏观监测与预警，实施切实可行的政策方针，满足虚拟经济市场健康发展的需要。因此，虚拟经济统计调查方法的完善具有重大现实意义，实施虚拟经济统计调查具有很大的必要性。

二、统计调查方法在虚拟经济中的应用

虽然虚拟经济统计调查方案在应用中存在诸多困难，但若能合理应用抽样方法，则会收到事半功倍的效果。虚拟经济统计调查不仅肩负着提供基础资料的使命，还具有决定整个工作质量的重要作用，尤其是对我国宏观政策的实施具有重要指导意义。本书设计了虚拟经济统计调查方案，并进一步探讨虚拟经济统计调查应注意的问题。

（一）虚拟经济统计调查方案设计

1. 设计原则

虚拟经济统计调查是指按照虚拟经济统计任务要求，运用合理、科学的统计调查方法，有计划、有组织地向社会采集部门反映虚拟经济发展规模、结构、比例及速度等方面的原始资料的过程。我国虽没有完善的虚拟经济调查体系，但已建立的统计调查制度为其顺利实施创造了条件。但“无规矩不成方圆”，在设计和实施虚拟经济统计调查方案时，应遵循如下原则：

第一，科学性原则。科学性原则是指设计和实施的虚拟经济统计调查方案的理论是完善的，并满足虚拟经济统计调查工作的实际需要。其中理论完善是指所选取的虚拟经济统计调查方法具有先进性，能汲取新的学科成就，且其总体指标和抽样误差的推导公式严谨科学，所选取的虚拟经济调查指标具有代表性。此外，由于统计调查是收集资料的过程，而收集资料的方法多种多样，各种方法又有各自的适用范围。故在虚拟经济统计调查过程中，应根据研究对象的运行特点，采用不同的统计调查方法。

第二，可操作性原则。可操作性原则是指设计的虚拟经济统计调查方案在实践中切实可行。一个好的统计调查方案除理论完善外，在实践中也应便于理解，易于操作。这样既能得到被调查者的配合，又能保证调查者顺利获取原始资料，提高工作效率。

第三，经济性原则。经济性原则是指从投入产出来看，虚拟经济统计调查工作是有效益的。在设计虚拟经济统计调查方案时，应综合考虑统计调查所要投入的人力、物力、财力，用尽可能少的投入，换取最大收益。尤其在统计调查经费难以满足时，这一点尤其重要。

第四，准确性原则。准确性原则是指收集的虚拟经济统计资料真实可靠。随着我国虚拟经济市场逐步完善，虚拟经济交易工具不断创新，虚拟经济统计调查局面将日趋复杂，许多调查对象可能会出于各种原因，如规章制度不完善、统计人员对调查对象不熟悉等，进而忽视统计资料的准确性。因此，为保

证虚拟经济统计调查数据准确无误，就必须坚持实事求是的原则，适时督导。

第五，及时性原则。及时性原则是指收集到的虚拟经济统计资料必须符合时间要求。在瞬息万变的虚拟经济市场，时间就是金钱。过时的统计数据资料，对我国虚拟经济市场的数据需求者来说不具有价值。此外，一项统计调查任务的完成，需要各单位的共同努力，任何一个单位资料收集上报不及时，都将会影响统计调查工作的整体进程。故在开展虚拟经济统计调查工作时，必须增强调查者与被调查者的全局观念，保证统计资料的及时性。

2. 抽样框的设计

抽样框是由全部符合规定特征的有限总体组成的集合，编制它的目的是在统计调查中能按一定概率抽取调查单位，使统计调查方案更加科学有效。故人们在实施虚拟经济统计调查方案前，应确定抽样框。

虚拟经济统计调查总体是指所有参与虚拟经济交易活动的交易主体，它包括五大机构部门，即非金融企业部门、金融机构部门、政府部门、住户部门和国外部门。此外本书的研究目的是通过虚拟经济统计调查，收集能反映虚拟经济实际发展状况的原始资料，确定统计调查的研究范围。故抽样框应为一定地区内所有参与虚拟经济交易活动的经济单位。可以通过全国各交易所、税务管理及工商等部门的业务核算与行政记录资料，获取相对完善的名录框。

3. 抽样方法的确定

统计调查按调查方式的不同可分为全面调查、抽样调查、统计报表。其中抽样调查是指从整个调查对象中抽取一定比例个体作为样本进行调查，然后根据样本信息，计算总体各方面的情况。它与其他调查方式相比，具有工作量小、调查费用低、时效性强等优点。

考虑到各种抽样方法的特征和适用范围，再加上我国虽有一些关于虚拟经济的统计调查资料，但对虚拟经济市场运行状况的统计调查还停留在起步阶段，无法全面获得总体的辅助信息和分层标志，故本书选用二重抽样法。

二重抽样也叫二相抽样，指在抽样时分随机抽样、分层抽样两步抽取样本。具体步骤如下：第一步，先从所有参与虚拟经济市场运行活动的经济单位名录框中抽取一个较大比例的样本 $1n$，对其进行调查，获取总体分层需要的辅助信息，为下一步抽样估计提供条件；第二步，根据第一步抽样获取的辅助信息，对第一重样本进行分层处理；第三步，采用分层随机抽样方法，从第一重样本中抽取第二重样本，样本单位数为 $2n$，进而对第二重样本进行正式统计调查，获取所需的原始资料。

假设根据全国各交易所、税务管理部门等部门的业务核算与行政记录资料，得到某地区参与虚拟经济活动的名录抽样框，共有500个经济单位。首先，按其虚拟经济成交额进行排序编号。其次，采用简单随机抽样，抽取一个大样本，获取分层标志信息，假设标志信息为成交额，则根据标志信息区间把第一个样本分为 k 组，再根据一定抽样概率对每组进行分层抽样，进而得到该地区参与虚拟经济抽样调查的经济单位。

（二）总体指标的估计和抽样误差的估计

由于采用的是二重抽样法，第一重抽样采用的是简单随机抽样法，第二重抽样采用的是分层抽样法，这两重抽样法都会产生抽样误差。基于讨论问题及公式表述的方便性的考虑，本书规定用大写字母表示总体指标，用小写字母表示样本指标，相关符号说明如下：下标 k 表示层数，$k=1, 2, \cdots, L$，其中总体在 k 层的单位数为 N，则反映虚拟经济市场状况的经济单位总数为：

$$N = \sum_{k=1}^{L} N_k$$

$n_k^{(1)}$ 表示在第一重样本中，第 k 层中参与虚拟经济市场交易活动的经济单位数。第一重抽样的样本容量为：

$$n^{(1)} = \sum_{k=1}^{L} n_k^{(1)}$$

$n_k^{(2)}$ 表示在第二重样本中，第 k 层中参与虚拟经济市场交易活动的经济单位数。第二重抽样的样本容量为：

$$n^{(2)} = \sum_{k=1}^{L} n_k^{(2)}$$

经济单位总体在第 k 层的权重为：

$$W_k = \frac{N_k}{N}$$

第一重样本中经济单位样本在第 k 层的权重为：

$$W_k^{(1)} = \frac{n_k^{(1)}}{n^{(1)}}$$

第二重样本中经济单位样本在第 k 层的权重为：

$$W_k^{(2)} = \frac{n_k^{(2)}}{n^{(2)}}$$

（三）应用统计调查方法应注意的事项

采用统计调查方法进行虚拟经济数据收集会遇到很多问题，但整体而言主要有以下三个方面的问题需要注意：

一是虚拟经济抽样调查名录框的维护问题。本书基于名录框设计虚拟经济统计调查方法，故对名录框的要求较高。从全国范围看，参与虚拟经济交易活动的经济单位数目繁多，且开闭频繁，会给统计调查方案的实施带来一定困难。故在实施虚拟经济调查方案时应先做好名录框的维护与完善工作。在选取样本时应遵循随机性原则，使抽取的样本具有较高的代表性，能充分反映虚拟经济市场状况。

二是虚拟经济抽样调查人员的培训问题。抽样调查成功与否，数据是否准确无误，关键在人。因此，对虚拟经济进行统计调查时，需对调查人员进行培训，以便其全面了解调查的范围、内容与目的，提高工作效率。

三是虚拟经济抽样调查数据质量监督与控制问题。估计精度和抽样误差的控制对调查人员存在难度，故在实施虚拟经济统计调查时，应设立一个专门的统计调查质量控制部门，适时对数据质量进行管理与监测，保证虚拟经济统计调查数据的质量。

第三节　虚拟经济统计分析方法研究

一、虚拟经济统计分析概述

从德国国势学派阿亨瓦尔（Achenwall）提出统计学以来，统计学经过几个世纪的发展，形成了多种统计分析方法，如对比分析、动态分析、因素分析、相关分析、模型分析及综合评价分析等。每种统计分析方法都有各自的适用范围与作用，如只适用同质指标数量对比的对比分析方法。综合评价分析法是运用多个指标，计算综合指数，进而对研究对象进行评价的方法。

针对我国虚拟经济运行特征及不同统计分析方法的适用特点，我国一些学者对虚拟经济进行了统计分析与研究。本书在梳理大量研究资料的基础上，根据研究内容或角度的不同，将所采用的统计分析方法分为两大类（具体内容如表 6-4 所示）。从表 6-4 可知，我国虚拟经济统计分析方法主要有两大类：研究虚拟经济发展状况及其效应的统计分析方法，以及研究虚拟经济与实体经济关系的统计分析方法。

表 6-4　虚拟经济统计分析方法应用现状

类别	分析方法	研究内容
虚拟经济发展状况及其效应的统计分析方法	统计报表分析法	虚拟经济各市场筹资、交易状态，如金融统计年鉴
	神经网络分析法	预测警情、研究我国虚拟经济投资方向
	最小二乘法	测度虚拟经济就业效应
	综合评价法	对虚拟经济运行景气、发展水平、发展状况等进行分析与评估
	灰色关联度	研究虚拟经济规模总量测度指标的适应性
	GARCH 模型	虚拟经济的杠杆效应及波动溢出效应
虚拟经济与实体经济关系的统计分析方法	耦合协调度模型	虚拟经济与实体经济协调性或匹配性
	偏最小二乘法	虚拟经济对实体经济的双向作用
	自回归分布滞后模型、VAR 模型	虚拟经济对实体经济的长期均衡稳定影响
	VECM 模型	虚拟经济与实体经济的因果关系、协整关系

其中研究虚拟经济发展状况及其效应的统计分析方法主要有统计报表分析法、神经网络分析法、最小二乘法、综合评价法、灰色关联度及 GARCH 模型。其中，统计报表分析法是我国政府部门公布虚拟经济市场数据最常用的方法，是对虚拟经济统计数据最直观的展示。虚拟经济是一个庞大复杂的系统，它包括债券市场、股票市场、期货市场、基金市场、房地产市场及外汇市场，囊括多种金融工具，包罗规模、结构、比例、速度等维度指标，这些指标相关性很强，衡量其发展状况具有一定困难。综合评价法能同时运用虚拟经济系统中的多个指标，采用多种赋权方法，有效处理指标间的相关性，对参与评价的单位进行综合反映，它主要包含主成分分析法、模糊评价法及数据包络分析法等。所以，综合评价法是测度虚拟经济发展运行状况最有效的方法，应用面最为广泛。神经网络分析法是模仿神经网络结构和功能的数学模型，具有很强的计算能力，所以它在研究虚拟经济投资资金去向、市场预警等方面，具有得天独厚的优势。灰色关联度测度了虚拟经济与实体经济发展趋势的相似性或者相异程度，从定量角度分析了两者的动态发展过程。

研究虚拟经济与实体经济关系的统计分析方法主要有：耦合协调度模型、偏最小二乘法、自回归分布滞后模型、VAR 模型及 VECM 模型。其中，VAR

模型不是以虚拟经济与实体经济间关系为经济理论依据建立的，而是以虚拟经济与实体经济间的数据统计性质为基础建立的，是一种研究虚拟经济和实体经济相关关系的多变量分析和预测，以及随机扰动项对系统冲击的最方便的方法。但由于该模型缺乏经济理论依据，仅以数据统计性质而建立模型，在一定程度上失之偏颇。VECM 模型是基于变量间的协整关系而建立的，是一个有约束的 VAR 模型，弥补了 VAR 模型缺乏经济理论依据的不足。当虚拟经济与实体经济的短期动态波动范围过大时，VECM 表达式会制约其内生变量的长期行为收敛于它们的协整关系。故 VECM 模型不仅能分析虚拟经济与实体经济的长期关系，还能分析两者的短期影响，具有很大的适用性。耦合协调度模型是根据物理学中的耦合度函数演化而来的，主要研究虚拟经济与实体经济间的匹配性或协调性。

从上面的分析可知，在多种虚拟经济统计分析方法并存的状况下，应用最为广泛的两种统计分析方法为综合评价法和 VECM 模型。据此，本书将选用这两种统计分析方法对虚拟经济进行实证研究，进一步研究统计分析方法的使用过程与效果。

二、基于 VECM 模型的虚拟经济对实体经济的影响分析

不断壮大的虚拟经济交易规模不仅彰显了其在整个经济系统中的作用与地位，还对我国实体经济发展产生了很大影响，这主要表现在投资和消费上。从投资角度看，虚拟经济通过各个市场的资产价格变动和托宾 Q 值影响人们的投资行为。

例如，公司市场价值小于重置成本，即公司的托宾 Q 值小于 1，公司所有者将不会购买新投资品，而是通过租赁、兼并等其他手段从其他企业获得所需的生产设备，进而影响我国的投资规模。从消费角度看，虚拟经济主要通过财富效应影响人们的消费行为。据莫迪利亚尼生命周期理论可知，个人消费计划是由他一生创造的财富决定的。其中私人消费水平的影响因素主要由家庭当前收入流、未来预期收入流及已有财富存量构成。个人财富可分为金融资产和非金融资产。随着经济的发展，金融资产在个人财富中所占比重越来越大，对个人消费的影响也越来越大。如当金融资产价格上涨时，基于心理效应和未来预期收入增加，个人将增加消费。故本书基于 VECM 模型实证研究了虚拟经济对我国实体经济投资消费的影响，进一步深化了 VECM 模型在虚拟经济统计分析方法中的适应范围。

（一）数据来源及预处理方法

本书依据数据的可得性、可操作性及科学性原则，选用地方项目固定资产

投资额和社会消费品零售总额季度数据来衡量我国历年各季度的投资和消费规模，并分别用 FI 和 RS 表示。这两个指标来源于中国统计进度数据库。

此外，本书根据虚拟经济发行市场和交易市场的特点，选用虚拟经济交易市场数据核算虚拟经济交易规模。根据各市场特点及数据可得性，本书选用股票成交额、基金成交额、期货成交额、国债成交额及房地产增加值的各季度数据，衡量各市场交易规模，通过合并汇总等数据处理，进而确定我国虚拟经济交易规模，即 FE。其中，房地产增加值来源于中国统计进度数据库，股票成交额、基金成交额、期货成交额、国债成交额来源于我国各交易所、期货所统计月报。

由于我国地方项目固定资产投资额、社会消费品零售总额的季度数据带有明显季节趋势，故本书通过 Eviewa 软件采用 CensusX12 季节调整法进行处理，季节调整后变量为 FI_SA，RS_SA（具体测试过程略）。

（二）结果分析

建立 VECM 模型，研究虚拟经济对投资和消费的影响，首先应对各变量进行平稳性检验。检验时间序列平稳性的方法有六种，即 ADF 检验、ERS 检验、DFGLS 检验、KPSS 检验、PP 检验及 NP 检验。

1. 虚拟经济与投资消费长期均衡影响分析

建立协整模型的前提是研究变量存在长期均衡关系，所以在建立协整模型前应进行协整检验。通过对各变量的平稳性分析可知，FE、FI_SA 及 RS_SA 都是非平稳序列，而一阶差分后是平稳序列，符合协整检验前提，其具体协整检验结果略。

从检测分析结果可知：我国虚拟经济交易对投资的影响明显大于其对消费的影响，这主要是因为债券市场和期货市场在虚拟经济中的比重很大，而这两个市场与我国投资规模紧密相连；此外还与我国的消费观念有关。从两者系数上看，我国虚拟经济对投资和消费的影响依旧偏弱，基于此，本书提出如下建议：优化要素保障，加大工业投资力度；优化经济产业结构，推进经济转型与升级，加强我国虚拟经济向实体经济投资的渠道和路径建设；转变消费观念。

2. 基于 VECM 的虚拟经济与投资消费短期影响分析

目前，我国虚拟经济与社会投资消费具有长期均衡关系。虚拟经济与社会投资及社会消费零售总额是否存在短期影响，还有待进一步验证。基于此，本书分别构建虚拟经济与社会投资、虚拟经济与社会消费零售总额之间的 VECM 模型。在模型中，选用社会投资即 FI_SA 和社会消费零售总额即 RS_SA 为因变量，虚拟经济交易规模即 FE 为自变量，建立 VECM 模型。从整体情况来看，短期内虚拟经济成交额变动会导致我国投资和消费规模变动。

三、虚拟经济统计分析方法的比较与思考

从上面的分析可知，采用统计方法进行虚拟经济分析的基本思路：根据研究目的选取指标，采用相应的统计分析方法建立模型或得到相应的综合指数，在此基础上对虚拟经济进行研究与分析。但不同的虚拟经济统计分析法具有各自的适用范围与作用，在应用效果上具有差别。如分别采用VAR模型和偏最小二乘法对虚拟经济及实体经济的关系进行研究，由于VAR模型关注的是滞后期对当期的影响，偏最小二乘法关注的是当期各自变量对因变量的影响，故这两种方法在拟合优度、预测能力上具有差别。所以在实际应用中，人们应根据研究目的，选用合适的统计分析方法。

虽然我国学者已采用多种统计分析方法对虚拟经济进行研究与探索，但随着我国虚拟经济体系的不断完善，金融工具的不断创新，世界经济的风云变幻，为满足虚拟经济发展需要，我国虚拟经济统计分析方法有待加强，这体现在以下两个方面：

一是在研究虚拟经济自身特点方面，统计分析方法有待加强。白钦先研究发现，虚拟经济具有虚拟性、投机性、波动性、相对独立性、脆弱性等特征。目前学界对虚拟经济特征的研究基本处于理论研究阶段，有待统计分析方法的实证检验。采用统计分析方法研究虚拟经济特征不仅有助于我们深入了解虚拟经济，把握虚拟经济的运行特征，还可为我国政府部门进行宏观调控提供依据。基于此，本书建议采用随机波动性模型研究我国虚拟经济波动性，采用高位机制转换因子模型研究虚拟经济周期性。

二是在研究虚拟经济重复交易及金融工具与各机构部门之间的关系方面，统计分析方法有待完善。虚拟经济重复交易是整个虚拟经济运行的核心内容，也是虚拟经济的利润源泉，所以在实际生活中，采用统计方法对其进行分析研究具有重要意义与必要性。此外，由于虚拟经济是一个多层次、多交易工具的复杂系统，对其重复交易进行研究与分析具有很大困难。基于此，可采用全象资金流量模型①和系统动力学模型对其进行分析与研究。全象资金流量模型从对价值系统的认识出发，将盈利作为交易活动目的，并以交易量为基本变量。系统动力学模型是针对复杂系统，研究相关复杂信息反馈系统动态变化趋势的

① 许圣道，王千．基于全象资金流量观测系统的虚拟经济与实体经济的协调监管思路［J］．中国工业经济，2007（5）：13-21.

方法。所以这两种方法在研究虚拟经济重复交易上具有很大的适用性。为满足金融工具与各机构部门之间关系研究的需要，人们可在完善统计核算制度的基础上，增加虚拟经济资金流量表分析。金融工具交易活动是以资金为媒介，在各个机构部门开展的。资金流量表能充分反映各种资金在各部门间的流量、流向及其相互关系，所以在研究各种金融工具与各机构部门间的关系上，它具有广泛的适用性。

第四节　经济结构发展视域下的虚拟经济统计方法应用建议

一、改进虚拟经济统计方法，健全虚拟经济统计体系

随着我国虚拟经济活动朝着复杂化、多样化方向发展，与之相关的研究对象、统计指标、调查方法、统计分析方法都将发生深刻变化，传统的统计方法制度体系已不足以满足社会各界对虚拟经济市场各项统计信息的需求。面对我国统计方法制度体系，本书在研究我国虚拟经济统计核算、统计调查及统计分析方法现状的基础上，为改进我国虚拟经济统计方法，健全虚拟经济统计体系，使其反映我国经济结构发展状况，提出如下建议：

第一，虚拟经济统计核算方面：与时俱进，拓展虚拟经济各市场的统计范围。虚拟经济交易对象随着虚拟经济市场而变得日趋复杂，不仅出现了股票、债券、基金和保险等多种投资理财金融产品，还出现了以利率、货币、商品及贷款为基础资产或标的资产的金融衍生产品。此外，创业板市场日趋规范。我国虚拟经济市场核算范围应与时俱进，如增加地方性产权市场、信托市场等。

完善虚拟经济指标体系，我国虚拟经济统计核算指标仅包含反映规模、价格方面的存流量指标，故在完善我国虚拟经济指标体系过程中，应增设股票、债券、期货市场交易活跃度指标，满足虚拟经济发展需要。此外，一个完善的虚拟经济统计核算指标体系除包含反映自身结构变化的存流量指标外，还应包括其在整个经济系统中地位和功能的指标，故我国虚拟经济指标体系还应增设如经济虚拟化度、虚拟经济灵敏度等反映虚实两大经济体关系的指标，进而满足我国政府宏观决策的需要。

确定统一的统计核算标准、分类标准及指标统计口径，制定行之有效的虚拟经济统计手册，加快我国虚拟经济统计核算标准化进程。拓展虚拟经济统计核算内容，如增加金融工具与金融机构的交叉列联表及虚拟经济资金流量表等统计信息的核算等。

第二，虚拟经济统计调查方面：应协调好各调查机构部门间的关系，必要时增设第三方，提高各机构统计调查方案的开放程度；加大数据共享平台建设，提升虚拟经济统计数据相互支撑、衔接与转换的能力，为我国政府进行虚拟经济宏观统计监测、投资者决策提供及时准确的数据支撑；继续推进虚拟经济统计调查方法体系建设，建立以现有业务核算和行政记录为基础、以抽样调查为主体、以重点调查和典型调查等非全面调查为辅助的统计调查方法模式，努力形成完备的虚拟经济抽样调查系统，如股票市场抽样调查系统、期货市场抽样调查系统等；加强虚拟经济统计调查基层工作建设；加大虚拟经济统计调查方法制度的宣传力度。

第三，虚拟经济统计分析方面：要开拓创新，使用各种统计分析软件，建立虚拟经济分析模型，充分发挥统计分析方法在揭示虚拟经济发展状况上的独到优势；扩大统计分析范围，根据虚拟经济本身的特点，提高虚拟经济重复交易及金融工具与各机构部门之间关系的统计分析水平；完善虚拟经济统计报表分析制度，增加虚拟经济资金流量表的分析内容。

二、提高虚拟经济统计数据质量

数据质量是虚拟经济统计工作的生命，是引领其科学发展的指南。在虚拟经济统计方法研究中，只有把数据质量摆在首位，才能适应现代化发展的需要。目前，数据质量的概念已由单一的准确性逐步向多方位的数据质量概念转变，并已形成了多种数据质量管理体系，如国际统计数据质量管理体系、欧盟统计局数据质量管理体系等，涵盖了数据真实性、及时性、可得性、适用性、经济性、可比性和保密性等内容。为提高我国虚拟经济统计数据质量，满足社会各界的需求，本书提出如下建议：

一是加强虚拟经济统计数据质量宣传，树立全方位的虚拟经济统计数据质量管理意识。在过去，大多数人认为准确性是数据质量唯一的要求，即统计误差越小越好。但自 2002 年我国正式进入国际货币基金组织制定的数据公布通用系统（GDDS）以来，越来越多的人开始关注统计数据质量建设。到 2022 年，我国统计数据质量的内涵已由单一的准确性维度发展到包括“快、狠、准”及满足用户数据需求在内的多维度。基于此，在实施虚拟经济统计工作前，应树立全方位的虚拟经济统计数据质量管理意识。

二是加大虚拟经济统计人员培训投入。虚拟经济统计工作是否正常运行，统计数据是否满足准确性、及时性、可比性、适用性、经济性等要求，关键在人。随着经济的不断发展，虚拟经济市场日新月异，虚拟经济金融工具层出不穷，不加强学习，势必不能跟上虚拟经济发展的步伐。故在虚拟经济统计工作中，一方面应对虚拟经济统计人员加强岗前培训，另一方面要定期对虚拟经济统计人员进行虚拟经济统计业务培训，进而满足全方位数据质量的要求。

三是加强虚拟经济统计数据质量控制与监督。首先，应从虚拟经济统计数据源头进行数据质量控制与监督。在虚拟经济统计调查和核算过程中，应牢记“徒善不足以为政，徒法不足以自行”，设立专门的统计质量控制监督部门，对数据质量进行事中、事后管理与监测，保证虚拟经济统计数据质量。其次，应加强虚拟经济统计数据质量反馈渠道建设，发挥社会对虚拟经济统计数据的民主监督作用。满足社会各界对虚拟经济统计数据的需求是虚拟经济统计数据的最终目的，可通过不定期的虚拟经济统计数据质量满意度调查，进而了解社会各界对虚拟经济统计数据质量的建议与意见，使虚拟经济统计制度建设有的放矢，进而达到提高虚拟经济统计数据质量的效果。故此，应建立包含虚拟经济统计设计阶段质量监督、虚拟经济统计调查阶段质量监督、虚拟经济统计数据整理阶段质量监督及虚拟经济统计数据发布阶段质量监督在内的监督体系，严控虚拟经济统计数据工作流程管理，进而全面提高虚拟经济统计数据质量。

四是加快虚拟经济统计信息化。虚拟经济统计信息化是虚拟经济统计方法制度改革的重要内容，它不仅能大量减少统计人员的工作量，并且在计算方面也保证了数据的准确性，还能及时为相关人员提供虚拟经济统计数据，满足数据及时性要求。故在虚拟经济统计工作过程中，应加快虚拟经济统计信息化，保证数据的完整性，从而提升数据质量。

五是探索科学的虚拟经济统计数据质量评估方法，建立虚拟经济统计数据质量评价体系。借鉴国际上的统计数据质量评估框架，明确我国虚拟经济统计数据范畴，尽快制定适合我国虚拟经济发展的统计数据质量标准，为我国的虚拟经济统计数据管理提供依据。

六是加大统计执法力度，完善虚拟经济统计法制建设，发挥法律警示作用。虽然近年来，在我国，统计的地位明显改善，相关执法力度明显增强，我国陆续颁布了《中华人民共和国统计法》《中华人民共和国统计法实施细则》等法律法规，但我国统计执法工作依旧存在诸多问题，如一些单位和个人统计法律意识薄弱，统计执法水平低等。面对我国统计执法现状，为提高我国虚拟经济统计数据质量，应加强统计法律法规的宣传力度，提高人民的统计法治意识，贯彻实施《中华人民共和国统计法》，使虚拟经济统计工作“有法可依，有法必依”。

三、编制虚拟经济发展指数监测虚拟经济发展

本书提到的虚拟经济发展指数是综合虚拟经济发展状况主要变量得到的指数，可以大致反映我国虚拟经济整体的发展态势和运行轨迹。鉴于虚拟经济对实体经济的影响具有两面性，当虚拟经济发展指数向上剧烈波动时，说明虚拟经济大幅扩张，需要采取相应的措施防止虚拟经济过度膨胀，避免引发经济泡沫，危及实体经济和金融体系的稳定；当虚拟经济发展指数向下剧烈波动时，说明虚拟经济大幅收紧，则应采取相应的刺激措施，防止虚拟经济萎缩，确保虚拟经济以适度的规模和速度与实体经济协调发展，防范金融风险，充分发挥虚拟经济服务于实体经济的作用。因此，有必要由相关部门编制虚拟经济发展指数，确定编制频率，定期测度并对外公布我国虚拟经济发展指数。人们通过密切关注指数的变动情况，可及时监测我国虚拟经济的整体发展状况。这可让虚拟经济更好地为实体经济的发展服务。

为确保虚拟经济发展指数的数据质量，首先，要从立法上保障虚拟经济统计工作的顺利开展，现行的一些法律法规往往更多强调统计结果的保密性，还需要对统计工作的顺利开展提供保障。虚拟经济发展指数编制涉及的指标范围较广，需要的数据资料很多而且比较复杂，所以必须有相关部门的支持和配合，但是现实当中，由于数据信息的敏感性，虚拟经济发展指数编制从数据资料的收集到数据结果的发布，必须以法律法规的形式加以规范。其次，虚拟经济发展指数编制过程中要保证诚信，在统计数据的收集、处理和公布过程中严格遵守客观性原则，包括专业性、透明度和道德标准三个要素。专业性要素要求统计措施和实际做法以专业化原则为指导，对于虚拟经济统计来说就是要由具体的统计部门公正地生产统计数据，源数据的收集、统计技术的选择、数据发布等都要完全从统计的角度来考虑，不受其他因素的影响。透明度要素要求对生产虚拟经济统计数据的单位或机构、生产过程，以及数据统计口径的变化等进行详细说明。道德标准要素对于虚拟经济统计工作人员而言，应该有相应的行为指南，并且相关的工作人员都应该熟知。再次，虚拟经济发展指数相关数据要具有适用性。虚拟经济发展指数的编制要求数据具有恰当的频率和及时性，并符合和遵循一项可以预见的修订性措施，具体包括频率和及时性、一致性、修订措施和实际做法三个要素。频率和及时性要素要求遵循国际上公认的公布标准或者其他国家在虚拟经济方面的发布频率。一致性要素要求数据组之内的统计数据相一致、一段时间内的统计数据相一致、与其他主要数据组的数据相一致。修订措施和实际做法要素要求根据定期和公开的程序对数据进行修

订，并且清楚地标明初步数据或修订过的数据。最后，虚拟经济发展指数相关数据要具有可获得性。虚拟经济发展指数的数据和数据诠释要容易获得，并对用户提供适当的帮助，具体包括数据的可获得性、数据诠释的可获得性、对用户的帮助三个要素。数据的可获得性要素要求以清楚和易于理解的方式提供统计数据，数据的公布形式要恰当，并且公平地提供数据。数据诠释的可获得性要素要求能够获得实时更新的且恰当的数据诠释，包括概念、范围、分类、记录原则、数据来源和统计技术等方面的说明性文件是可获得的，并注明与国际上公认的标准、指南、好的实际做法的不同之处。对用户的帮助要素要求提供及时和专业的支持性服务，公布每个统计领域联系人的信息，广泛提供出版物、文件和其他服务的目录，包括收费方面的信息。

此外，学界还应对虚拟经济发展指数在经济预警中的实际应用进行研究，确定虚拟经济发展指数的临界状态值和状态区间，根据危机状态转化概率确定经济预警结果，为中国人民银行制定对策提供及时有效的依据，进而防止虚拟经济过度膨胀引发经济危机。在虚拟经济指标体系中，上证综合指数和股票成交金额的权重都较大，说明了股票市场对于虚拟经济系统的重要性。作为宏观经济的“晴雨表”，股票市场对虚拟经济和实体经济的发展都具有重大的影响，而且货币供应量在虚拟经济指标体系中的权重也较大，货币供应量对于通货膨胀具有显著影响。因此，需要对我国股票市场和各层次的货币供应量予以实时监测，密切关注其动态变化趋势，采用断点分析等技术手段对其异常做出预警，方便中国人民银行及时调整。

四、设立虚拟经济统计监测机构系统监管虚拟经济发展

各国际组织虽然没有明确提出“虚拟经济统计”，但是在国际货币基金组织、世界银行的统计中，都涉及金融资产的统计内容。此外，股票、证券及期货等主要是由国际清算银行和世界交易所联盟统计的。国际清算银行的国际金融统计是关于金融体系各种要素信息的唯一来源，与虚拟经济统计相关的内容包括主要金融中心国际银行间的借入借出统计、国际国内证券发行活动统计、衍生品市场的场外交易和交换交易统计。世界交易所联盟是全球股票交易行业组织，致力于给各证券交易成员提供可信和可比较的市场统计。该联盟每年和每月为其成员发布统计信息，并编制主要市场指标的时间序列数据。我国的上海证券交易所和深圳证券交易所都是世界交易所联盟的成员。世界交易所联盟的主要统计指标包括国内市场资本总额、新发行和取消的国内股票市值、上市公司数、股票交易值、平均每天转手数量、平均交易额、转手速度、债券价

值、债券交易值、股票/指数期货、期货转手数、大股票市场指数、指数波动率等。

我国的虚拟经济统计工作特别分散。其中，金融资产统计与资金流量核算由中国人民银行负责；对于股票、债券、投资基金、期货及其他衍生品的统计由中国证券监督管理委员会负责汇总，上海证券交易所、深圳证券交易所、中国金融期货交易所、上海期货交易所、大连商品交易所、郑州商品交易所等行业机构具体负责交易数据的录入和报送。中国证券监督管理委员会每年编辑出版《中国证券期货统计年鉴》，年鉴的数据收集工作涉及以上各个部门。

鉴于我国虚拟经济统计工作过于分散，为了加强对虚拟经济发展状况的实时监测，本书建议由某一具体机构，在虚拟经济的理论基础上，对我国虚拟经济的规模、结构、变动及其影响进行客观而系统的统计分析，建立虚拟经济资金流量表，确定虚拟经济统计调查方法和明确的虚拟经济统计口径，从而全面描述虚拟经济的发展状况。

由某一具体机构对虚拟经济进行系统统计，具有以下优点：第一，便于统一统计口径，与国民经济账户体系保持一致。因为国际统计体系本身追求一致，例如国际货币基金组织制定的国际准则《货币与金融统计手册》《国际收支统计手册》《政府财政统计手册》等，都强调概念和原则与《2008 年国民账户体系》相一致。第二，便于比较，确保与其他宏观经济统计数据的一致性。这样，一方面便于实体经济与虚拟经济核算结果的比较和分析，另一方面也便于我国与其他国家进行比较，从而有助于发现我国虚拟经济发展存在的不足，有针对性地进行改进。第三，便于资料收集及分析。对于数据的使用者来说，能够找到唯一且具有可比性的统计数据是进行理论分析的前提和基础。尽管是由一个机构负责虚拟经济数据的统计，但其他相关部门也应该给予积极的配合，为虚拟经济统计机构提供相关的数据，确保数据来源稳定。

结束语

本书对经济结构发展与实践的研究结论主要有以下几点：

第一，经济结构发展是在经济发展基础之上最终体现出的结构性的改变态势。为了让经济结构发展处于良好的态势，管理者应从实事求是的精神及管理实践与思想理论紧密结合的指导方针出发，然后通过金融创新等手段来具体加以落实。

第二，金融创新能带动经济结构向功能型、服务型方向转变，从而实现经济结构的顺利调整。为此，政府不仅应丰富金融创新的方式，拓展经济结构发展的渠道，而且还应该进一步突出科技金融创新的作用，以进一步优化经济结构发展的生态环境和动力，从而使经济结构沿着科学合理的方向得到深化和发展。

第三，经济结构的良好发展在很大程度上取决于融资模式的选择与落实。如果在经济发展中，采用了最适切的融资模式，那么传统产业向新兴产业的转移将变得更顺利、更高效。在实际经济生活中，不同的行业或经济行为要采取最优的融资模式，这样才能让该行业的经济发展获得最佳效果。总之，当前我国不仅要支持地方性中小银行的快速发展，完善多层次资本市场体系的建构，还要加大对政策性银行的倾斜力度，以及在加强农村信用社建设的基础之上，进一步提升农村民间合作金融的发展水平。

第四，通过与政府经济调控措施的结合，信托可以对经济结构发展产生不可估量的作用。具体来说，信托正是以自身特有的模式对社会资源等的优化配置，推动了产业结构的整合、盘活了积压商品、整顿了市场行为等，从而实现对经济结构的整体性优化与发展。

第五，数字经济和虚拟经济对经济结构有很大影响，通过对数字经济和虚拟经济的统计，可以了解其对经济结构的影响情况。对数字经济和虚拟经济的有效管理和引导，可以为经济结构优化提供支撑。

以上就是本书研究的主要结论。由于研究时间、研究水平等因素的限制，本书研究的内容仍有一些难点需要攻克，对于本书不完善之处，笔者希望能在今后的研究中加以弥补。

参考文献

白钦先，谭庆华，2008. 政策性金融功能研究：兼论中国政策性金融发展［M］. 北京：中国金融出版社.

曹志强，王丽娟，叶子瑜，2021. 广西跨境物流与产业结构协同发展实证研究［J］. 内蒙古科技与经济（24）：45-48.

陈佳梅，王斌，胡怡雯，等，2022. 常州职业教育与经济协调发展实证研究：基于灰色关联度分析法［J］. 产业与科技论坛，21（5）：66-68.

陈乐一，1998. 对西方经济周期理论的一般考察［J］. 财经问题研究（4）：16-21.

陈志刚，王晓夏，桂立，2016. 金融发展对中国区域城镇化的影响［J］. 经济经纬，33（3）：155-160.

丁慧敏，2022. 数字经济发展对产业结构升级的影响探究［J］. 上海商业（2）：53-55.

董树功，王亚玲，2022. 金融发展对 FDI 流入的影响研究：基于门限回归模型［J］. 吉林工商学院学报，38（1）：77-83，125.

高京平，孙丽娜，2022. 数字经济发展促进我国产业结构升级的机理与路径［J］. 企业经济，41（2）：17-25.

高令梅，郭建林，陈建明，等，2021. 浙江省渔业经济发展对策研究［J］. 中国渔业经济，39（6）：28-34.

韩永辉，2021. 基于经济高质量发展的产业结构升级研究［M］. 北京：人民出版社.

何德旭，冯明，2021. 中国宏观融资结构的转型特征［J］. 经济学动态（8）：31.

互联网周刊编辑部，2021. 郡州总裁徐逖晟：5G+云+AI 数字经济新时代的引擎［J］. 互联网周刊（3）：60.

黄桂琴，孙惠，2022. 劳动力人口结构变迁对经济增长影响研究［J］. 哈尔滨学院学报，43（3）：31-34.

黄忠华，杜雪君，2021. 土地制度、结构转型与经济发展［M］. 上海：上海交通大学出版社.

孔祥毅，2002. 百年金融制度变迁与金融协调［M］. 北京：中国社会科学出版社.

兰德尔，1989. 资源经济学：从经济角度对自然资源和环境政策的探讨［M］. 施以飞，译. 北京：商务印书馆.

雷慧艳，2021. 基于生态环境保护下林业经济持续发展的措施［J］. 农家参谋（24）：152-154.

李景初，2021. 经济高质量发展背景下我国城乡消费结构差距的收敛性分析［J］. 商业经济研究（24）：47-50.

李沁，黄远浙，杨文豪，2021. 人力资本结构高级化对地区经济高质量发展的影响：基于城市群产业结构的视角［J］. 科技与经济，34（6）：81-85.

李向，2022. 消费升级与消费降级并存理论分析［J］. 合作经济与科技（5）：69-72.

李艳，严谋春，梁凡，等，2021. 陕西省农业农村经济结构融合发展现状及对策［J］. 农业工程，11（12）：134-140.

李永波，王子琳，2022. 城市圈背景下山东省经济空间结构演变分析［J］. 中国石油大学学报（社会科学版），38（1）：63-74.

李永辉，2008. 金融体系与内生经济增长［D］. 上海：上海社会科学院.

李勇坚，2021. 我国数字经济发展现状、趋势及政策建议［J］. 科技与金融（11）：24-33.

李月琴，2021. 地区经济发展中的人才支撑作用［J］. 商业文化（36）：118-120.

栗玉仕，2008. 信托公司主营业务塑造及其风险控制［M］. 北京：经济管理出版社.

梁栋，2021. 价值链视角下我国生产性服务业发展现状及对策研究［J］. 现代商业（35）：60-65.

梁红梅，赵宏宝，2020. 网络购物、人均可支配收入对社会消费品零售总额的动态关系研究：基于 Johansen 检验与 VEC 模型的分析［J］. 重庆理工大学学报（自然科学），34（8）：203-209.

林毅夫，孙希芳，姜烨，2009．经济发展中的最优金融结构理论初探［J］．经济研究，44（8）：5．
刘金凤，许丹，何燕婷，等，2009．海外信托发展史［M］．北京：中国财政经济出版社．
卢迪，2021．分析经济结构转型发展下企业管理模式的对策［J］．商场现代化（24）：59-61．
罗良清，2003．非市场服务产出核算问题研究［M］．北京：中国统计出版社．
孟萍，2016．重尾过程的协整检验［D］．太原：山西大学．
缪言，2021．结构宏观计量经济学模型的识别研究［M］．天津：南开大学出版社．
宁宇，2022．实施乡村振兴战略背景下农村经济发展路径探析［J］．河南农业（5）：16-17．
潘士远，史晋川，2002．内生经济增长理论：一个文献综述［J］．经济学（季刊）（3）：753-786．
祁铭，2021．区域经济发展的自主创新理论研究［J］．上海商业（12）：22-23．
乔雪，2022．“双循环”新发展格局下内蒙古产业结构与调整［J］．上海商业（2）：34-36．
萨缪尔森，诺德豪斯，1999．经济学：第十六版［M］．萧琛，译．北京：华夏出版社．
沈坤荣，2006．经济增长理论的演进、比较与评述［J］．经济学动态（5）：30-36．
沈满洪，何灵巧，2002．外部性的分类及外部性理论的演化［J］．浙江大学学报（人文社会科学版）（1）：152．
宋小霞，2021．农村产业结构调整与乡村振兴发展问题的思考［J］．农家参谋（24）：9-10．
孙娜，刘伟，2002．分离某信息产业相应数据若干方法的讨论［J］．吉林省经济管理干部学院学报（6）：21-22．
孙强语，2020．经济金融化与经济结构调整［J］．现代营销（经营版）（10）：134-135．
孙伍琴，2003．不同金融结构下的金融功能比较［M］．北京：中国统计出版社．

王爱俭，刘喜和，王学龙，2011. 现代金融服务体系竞争力指标体系构建与评价：兼议天津金融服务体系的完善［J］. 现代财经（天津财经大学学报），31（12）：24-32.

王丽荣，沈雨彤，沈小瑞，等，2016. 基于 VAR 模型的中国金融服务贸易国际竞争力研究［J］. 经济问题（7）：56.

王维国，杜修立，2003. 现代经济增长理论及实证研究述评［J］. 财经问题研究（8）：87-92.

王心宇，刘军，张悦，2022. 沧州市优化消费结构促进经济高质量发展探究［J］. 上海商业（2）：43-45.

邬彩霞，2021. 中国低碳经济发展的协同效应研究［J］. 管理世界，37（8）：105.

吴琦，金洋，韩旭，2021.“双碳”目标下的能源发展路径［J］. 有色冶金节能，37（6）：6-9.

吴秋璟，2004. 虚拟经济制度与结构变迁的研究［D］. 上海：复旦大学.

吴世亮，黄冬萍，2010. 中国信托业与信托市场［M］. 北京：首都经济贸易大学出版社.

吴翌琳，王天琪，2021. 数字经济的统计界定和产业分类研究［J］. 统计研究，38（6）：20-21.

夏小雄，2020. 信托业监管体系重构：问题剖析、理论反思与制度完善［J］. 金融监管研究（9）：110-114.

肖怀云，2022. 物流产业园助力地方产业结构升级研究：以江苏省盐城市为例［J］. 物流工程与管理，44（2）：110-112.

熊玲，龚勤林，2022. 统筹城乡发展带动欠发达地区经济发展效应评估［J］. 经济问题（3）：116-121.

徐胜，2021. 中国海洋经济结构转型中的创新驱动效应［M］. 北京：经济科学出版社.

许圣道，王千，2007. 基于全象资金流量观测系统的虚拟经济与实体经济的协调监管思路［J］. 中国工业经济（5）：13-21.

许文立，王莹莹，周天勇，2021. 建党百年的中国经济发展：一种新的“二元体制经济学”解释框架［J］. 合肥工业大学学报（社会科学版），35（6）：28-36.

薛欣飞，2021. 我国乡村休闲旅游发展问题与策略研究［J］. 江西电力职业技术学院学报，34（12）：167-168.

闫默青，2022. 电子商务发展对农村物流经济促进作用的思考［J］. 中国农机监理（2）：43-45.

杨建龙，2010. 新一轮经济增长的结构与趋势研究［M］. 北京：中国发展出版社.

杨晋超，李凌云，2022. 人口结构变化对无锡经济社会发展的影响［J］. 江南论坛（2）：40-43.

杨可方，杨朝军，2018. 金融结构演进与产业升级：美日的经验及启示［J］. 世界经济研究（4）：49-59，136.

杨伟中，2021. 经济结构调整下的首都金融研究与实践［M］. 北京：经济管理出版社.

姚嘉倩，龚日朝，刘香怜，2021. 我国县域经济融入国内大循环的困境、挑战与对策［J］. 怀化学院学报，40（6）：48-52.

殷天赐，曹泽，2022. 信息技术产业集聚、产业结构升级与经济高质量发展［J］. 统计与决策，38（4）：129-134.

於少臣，2022. 我国物流业与信息业耦合发展的影响因素与深化路径［J］. 商业经济研究（4）：118-121.

于相贤，2022. 我国电子商务对消费结构的影响及空间溢出效应［J］. 商业经济研究（4）：65-68.

余辉，2007. 英国信托法：起源、发展及其影响［M］. 北京：清华大学出版社.

翟金德，2022. 城镇化、消费结构及区域经济高质量发展：以长江经济带为例［J］. 商业经济研究（5）：170-173.

张金龙，2022. 黑龙江省现代服务业发展对策研究［J］. 商展经济（4）：24-26.

张敬泽，2022. 探析全自动炼钢化验技术的应用现状及发展趋势［J］. 冶金与材料，14（1）：181-182.

张培刚发展经济学研究基金会，2021. 中国经济结构变迁与高质量发展：第七届张培刚发展经济学优秀成果奖、第一届张培刚发展经济学青年学者奖颁奖典礼、首届中国发展经济学学者论坛文集［M］. 武汉：华中科技大学出版社.

张潇潇，2021. 浅析乡村旅游对促进农村经济发展的作用及策略［J］. 广东蚕业，55（12）：139-141.

赵晓雷，2021. 改革开放制度变革特征与经济思想发展转型辨析［J］. 经济思想史学刊（4）：25-57.

中信证券课题组，程强，2022. 上市公司结构变化与经济发展特征比较分析［J］. 证券市场导报（2）：14-24，54.

RAJAN R G，1992. Insiders and outsiders：the choice between informed and arm's length debt［J］. Journal of finance，47（4）：1367-1440.